天下雜誌
觀念領先

新裝紀念版

稻盛和夫 從零開始挑戰

創業與經營之道

Kazuo Inamori
稻盛和夫 著 呂美女 譯

ゼロからの挑戦

稻盛和夫 從零開始挑戰（新裝紀念版）⊙ 目錄

第二部

構成哲學的基本元素之一 稻盛和夫的思想

第三部 構成哲學的基本元素之二——稻盛和夫的思想 159

幹部與領導人的眼神改變了

重新煉製出新的「企業理念」

顧客捎來感動的訊息

開始運用管理會計系統

從照片來看　稻盛和夫的經營哲學

前言

稻盛和夫

我於一九五九年創立京瓷，約莫過了半個世紀。第一年的營業額只有二千六百萬日圓左右，到了二〇一二年三月結算卻直逼一兆二千億日圓。期間不僅年度結算沒出現過赤字，即便現在的年營業額超過一兆日圓，也幾乎都確保一〇%的淨利率。像京瓷這樣，擁有高度的成長力和獲利能力、並且維持半個世紀不變的企業，就整體日本產業的發展史來看，也算是很稀有的吧？然而京瓷走過的，絕非平坦的路。受到美國水門案的影響，日本開始採行日圓浮動匯率制度，之後日本陸續受到石油危機影響，導致經濟非常不景氣；加上日本、美國在半導體和汽車產業間產生的劇烈貿易磨擦，廣場合議（譯註：Plaza Accord，一九八五年美國、日本、英國、法國、西德在美國紐約廣場飯店密會之後訂定合議，導致日圓大幅升值）日圓急速升值，日本泡沫經濟崩毀後景氣陷入長期低迷，雷曼兄弟事件引發世界金融的不安，以及最近歐洲各國的財政危機引起的景氣衰退，接踵而來的景氣變動浪潮席捲了日本的產業界。許多企業在這股激流中翻滾，因此走入衰退甚至被淘汰。然而我們所創的京瓷，即使受到不景氣的浪潮衝擊，業績仍然持續成長，獲利也持續增加。那是因為，我把自己從經營與人生的奮鬥中得到的思考方法，死命地貫徹在激烈變化的景氣漩渦中而已——無論它會如何發展。結果不僅讓京瓷成就了超乎想像的成長與發展，也讓自己的人生獲得根本沒想到的開展。

此書的原版本是用我的經營哲學為緯、京瓷的歷史為經，在一九九七年以《敬天愛人》為書名發行書籍。循著京瓷發展的足跡，俯瞰我的思想、哲學與經營手法的這本書，擁有許多讀者。最近因為PHP研究所希望將舊書重新改裝再版，我試著再讀一次，發現如果依照書中所言進行經營企業或人生，公司一定能發展，個人也能度過美好的人生吧！我的內心重新燃起強烈的感覺。容我不畏懼誤解、大膽陳述的話，我想這本書記錄的「成功的方程式」，堪稱為經營與人生的聖經才對！我也趁此書新版發行前夕，閱讀並修潤全書內容和資訊，並添增幾筆「後來的足跡」。理由是因為《敬天愛人》出版之後十五年間，我又設立了KDDI，並且購併支援之前的三田工業，現在也盡全力在重建日本航空公司。甚至利用上述這些行程的空檔，組織運行稻盛財團的各種活動與盛和塾的活動。我想到，或許經由介紹我近年來的活動，應該可以讓讀者諸君更清楚了解「成功的方程式」才對。結果我卻把這本書一半以上的原稿都更新了，說它是變成另一本新書也不為過。因此我遵從編輯部的決定，把書名也改成《從零開始挑戰》。回首過去，我認為我的經營與人生的確似乎就該像是這樣。在高呼充滿閉塞與停滯感的現在，筆者由衷希望，就算增加一個人也好，若有更多人手中拿著這本倡導「從零開始挑戰」的新書，除了更加充實當事人的經營與人生，也希望對日本社會與經濟的復甦略盡棉薄之力。

二〇一一年　盛暑

第一部

以「哲學」為基礎

稻盛和夫的經營

1

「哲學」帶來發展

事業可以無限廣大

一九五九年，二十七歲、身為陶瓷工程師的我，在各方支持下，和七位好友攜手創立了京都陶瓷（京瓷的前身）。至今四十年來，我把所有心力皆投注於經營以京瓷為中心的企業集團。

我曾經參與經營的企業集團包括京瓷、ＫＤＤＩ（第二電信電話），這些企業都達到一定程度的成長與發展。

京瓷以製造電視用的陶瓷絕緣零件創業，並且以陶瓷技術為核心、逐步朝多角化經營邁進。現在則是從運用精密陶瓷的各種零件、設備，到太陽能發電系統，甚至連行動電話或影印機等電子機器都在生產，已經成長為綜合製造業的廠商。

另外，我也趁一九八四年日本執行通信自由政策之際，創立現在KDDI的前身、第二電電（DDI），開始涉足電器通訊產業。目前身居日本第二大通訊企業，不但維持高收益，也繼續成長與發展中。

二〇一〇年二月，筆者進一步接受日本政府的邀請，就任代表國家航空事業的日本航空公司（JAL）的董事長，開始致力於重建該企業。到了二〇一一年三月結算，重生的日本航空寫下創業以來的好業績，也拿下全世界所有航空公司中最高的業績。

以「人到底該如何做才是正確」作為凡事的判斷基準，跟著員工一起拚命努力，結果就是我參與經營的企業集團，完成如此殊勝美好的發展。

一九五九年白手創立京瓷的時候，誰也沒想到能有今天的成就。為何屬於中小企業的京瓷，能夠跨越困苦的經營環境及經濟蕭條，一路發展、擴大到今天的局面呢？

由實踐誕生的「哲學」

面對經營與人生，碰到障礙，或與煩惱鬥爭感到痛苦時，我會退回「身為人該如何應對？」的原點去思考，遵從此原則展開行動。就這樣，日積月累，不知不覺就獲得令人無法置信的美好成果。

為了讓集團發揮功能、產生成效，集團的目標方向必須非常明確，使全體員工的目標方向一致。就企業而言，所謂方向一致就是遵從經營理念與方針這些規範及其基礎，也就是精神骨幹的思維方式，或者哲學的存在也不可或缺。我從企業剛創立時，一有機會就將每天努力工作時學到的東西整理成「京瓷哲學」，並努力讓此哲學變成全體員工共有的思想。

那是人類生存的基本思維方式，換句話說，就是以「站在人的立場，用正確的方式去追求正確的事物」作為基礎的思考方法。

這種「哲學」，乍見之下或許無法反映出與企業經營的關係，我卻相信，藉由追求人類該有的姿態，企業賴以經營的座標軸也會更加明確。所謂的經營，正是經營者的人格投射。因此，經營者個人如果擁有人類應有的正確判斷基準，將此基準實踐在企業經營上，必定能有效發揮功能。

以下的章節將詳述那些忙於經營的日子裡，其實踐的過程中，我認為最重要的事物。

2

以「人心」為本的經營

以夥伴關係創業

京瓷並非由我獨自投資創立的企業。因為我與上司不合，而辭去了第一份工作。那時，信任我而幫我成立企業的人出現了，還有人在當時的情況下願意相信我，並跟著我走，那就是我的七名好友。就這樣，由於一開始是以心連心的夥伴關係創立企業，因此人與人之間的互信互賴成為最重要的企業文化。

如果當初我很富裕，擁有充裕的資金創立企業、聘請員工，我想公司的型態與勞資的關係也許會完全改變。但不知幸或不幸，經營公司所需要的人力、物力與資金我都沒有，完全是從零開始創業，因此除了重視公司成員之間心的連繫來從事經營之外，別無他法。

到連年虧損的企業就職

一九五五年，我從鹿兒島大學工學院應用化學系畢業，以技術員的身分到松風工業任職，那是一家位於京都專門製造高壓電線絕緣礙子的製造商。所謂的礙子是裝設在電線桿上用來隔開電線的絕緣體，主要是由陶瓷材料製成。松風工業創立於西元一九一七年，是製造高壓礙子的老字號之一。我隸屬於研究課，負責研發精密陶瓷材料。

在此先就陶瓷這個名詞的由來略作解說。

陶瓷（ceramic）的語源出自希臘。希臘語的 KERAMION 是指泥土製的動物角型容器，製作這種容器的技術稱為 KERAMEIA，由這些語詞再衍生出德文的 KERAMIK，以及英文的CERAMICS。

根據學術上的定義，陶瓷為「製造過程中經高溫處理的無機材料」，依此定義，陶瓷不只是指陶器，連玻璃、水泥、磚、琺瑯等材料也屬於陶瓷的範疇。通常我們提到陶瓷時，都是指比較狹義的定義。

特別是當時，具有高性能、高精密度的陶瓷稱為特殊磁器。但我並非使用黏土等天然素材，而是以人工合成後再精製成有別於以往絕緣礙子的特殊磁器，稱為精密陶瓷（New Ceramic）。

回到話題，進入松風工業之後，我才知道公司處於靠金融機構支援才能勉強支撐的虧損狀態。薪水總是延遲發放，公司和自己的將來幾乎毫無希望可言。

同期進公司的好友一個接著一個離職，我也打算離開這家企業，和幾位同期的同事一起報名參加日本自衛隊候補幹部的募集，經過考試也被錄取了。但由於家鄉的親人來不及送給我辦理入營手續所需的戶籍謄本，加上兄長強烈反對，最後只好繼續留在松風工業。

退路已斷，我只好下定決心，無論環境再惡劣，也只能在這家岌岌可危的企業努力打拚，開創自己的命運才行。於是我轉換心情，傾盡全力投入研發的工作。

有趣的是，這樣做以後，我的研究有了成果。受到同事誇讚，工作熱情提高，也更努力投入研究，因此又受到上司、前輩誇獎，鬥志更高，甚至工作到廢寢忘食的程度。就這樣，可以說完全進入良性循環的工作狀態。

開發精密陶瓷材料

一九五六年初，鎂橄欖石（forsterite）被研發作為精密陶瓷材料，而我以此開發出U字型絕緣材料銷售給當時的松下電子工業（即現在的 Panasonic）當作電視機映像管用的絕緣零件。當時，全世界只有荷蘭的飛利浦公司能夠量產這種零件，量產化的工作十分困難。

當時，日本的電視開始風行，U字型絕緣材料的需求量增加，必須趁早導入量產，這項產品的生產也是由我負責。我計劃從國外引進電隧道窯這種製造設備，以便全面量產當時被稱為特殊磁器的精密陶瓷。

松風經營虧損，處於財務重整的狀態，唯有生產這種U字型絕緣材料的特磁課（由研究課獨立出來的新部門）例外，是唯一有收益的部門。

雖然我們可以增員，但我並不贊成由公司內部徵召。理由在於，公司遲發薪資又連續虧損，員工的士氣已滑落谷底。比起其他公司，松風有更多的員工爭著領加班津貼。

如果讓他們進入我的團隊，那種為明確的目標不斷努力的職場文化或團結精神只會崩毀。雖然我也只是一名員工，但有了這樣的想法之後，我就自己前往京都七條通的就業服務站，徵選品行優良的人並任用他們。也因為虧損的公司容許我做這樣的事，我負責的特磁課業績特別優異。

松風工業對松下電子工業的出貨量也逐漸增加，每月的訂單量大約二到三萬支，但是生產進度經常落後。因此部門全體員工幾乎是廢寢忘食、不斷設法增加生產，一天五百支、一千支，只能依實際產量出貨。

無視罷工繼續生產

就在這時候，松風工業勞資之間的工資談判破裂，員工組成的工會宣布罷工。但是，如果沒有交貨就對不起等待中的客戶，基於責任感，我決定無視工會的罷工決議。我帶領部門的全體員工在公司內閉關，把鍋碗瓢盆帶進去，連飲食都在工廠解決，完全不理會正在進行的罷工，繼續生產松下電子工業需要的U字型絕緣材料。由於工會有罷工糾察線，出貨時只能讓女性研究人員悄悄地攜帶出去。用心考慮，如何才能不引起客戶的疑慮。

在此說一段後話。當時立場與我們對立的工會領導人，日前寄給我一篇他投稿到京都新聞的文章。一開場就以「敬啟者：京瓷董事長稻盛先生，您可記得？」作為前言，介紹我不求加班費徹夜研發新產品，以及辭去工作的故事，最後則以一句「希望你能為社會注入新風氣！」做為文章的結尾。

我也用回信的形式投稿該報。除了表達謝意，對以往曾經與我尖銳對立的工會委員長，竟然能在事隔四十年之後，透過報紙的版面重溫舊情誼，我真的感到滿心歡喜。

決定辭職

到了二十七歲，我的職位雖然只是小小的特磁課主任，還是以開發精密陶瓷成為公司的業務重心。對於已開發出來的產品，也必須自己負責生產與銷售，在工作範圍廣泛的情況下，只能傾盡全力投入工作。

就在全力衝刺工作期間，我接受日立製作所的委託，開發陶瓷真空管。我用自己開發出來的鎂橄欖石（forsterite）為基礎材料進行研發，卻一直無法滿足客戶的需求。

就在當時，公司外聘的技術經理突然出現，在完全不知道過去歷史的情況下，竟然說：「你們做到這裡就行，後面由我接手。」一聽到這句話，我立刻決定辭掉松風工業的職務，遞出辭呈。公司雖然也慰留我，但我實在無法原諒經理說出這種無視我們竭盡心力從事產品研發的言論。

那時候我甚至考慮到海外發展，考驗一下自己的技術，那也是我長久以來的夢想。但是和我同甘共苦的部屬與晚輩告訴我，他們要「一起辭職」；不只是部屬與晚輩，連前輩與上司都對我說：「想跟著你一起走。」

因此大家決定一起成立新公司，我們發誓：「為了所有同伴的幸福，為了世界也為了人類，大家同心合作，共享喜樂悲傷，一起加油！」我們甚至立下血誓，以確認彼此的心意。無論歷經多少歲月，我都還記得當時我們慷慨激昂的心情。

那時大家還說，萬一經營不順就出去打工來支持我的研究。現在回想起來，還是令人感到懷念與感激。

每個員工都是經營者

話說回來，大家雖然同意設立公司但手頭上都沒有資金，因此我必須一面確立新公司的構想，一面四處奔走，尋找金援。

和我一起辭職並參與成立新公司的青山政次是我在松風工業任職時的上司；西枝一江與交川有則是青山就讀京都大學工學部電氣工學科時的同學。

西枝原為專利律師，當時在京都一家名為宮木電機製作所的電氣開關、配電盤製造商擔任專務董事；交川曾任職於日本專利局，當時是宮木電機的常務董事。青山與他們商量過後，西枝與交川先當面與我詳談，然後替我遊說宮木電機的總裁宮木男也，最後他們三人成為新公司的主要出資人。

我既沒有經營實績，對將來也沒有絕對的勝算，西枝先生卻對我說：「我認為你能成大器，而且你擁有自己的哲學，我們出資就是看中了你這一點。」

當時西枝先生還對我諄諄教誨：「不可淪落為金錢的俘虜，此外，所有的員工都應該是公司的主人。」然後讓當時沒有資金也不知道何謂股票的我，用技術出資的形式持有股票，也就是說，讓我以公司持股經營者的身分走上經營之路。

更因為西枝先生的建議，新公司並非宮木電機的子公司，而是獨立經營的企業。聽說西枝先生曾經對宮木社長說：「我是在稻盛這個年輕人身上下賭注，能不能成功還不知道，投資的資金可能有去無回，請您做好心理準備。」

西枝先生如此看重我這個當時年僅二十七歲的青年，這份厚愛讓我非常感激。就這樣，公司成立的根本是金主與創業成員之間的心靈連繫。因此，京瓷的企業文化也自然就以人心為根基。

如此一般，以西枝先生為首，各方支援我們的資金總額為三百萬日圓，也因為他們盡力奔走，我們向銀行貸到一千萬日圓，合計一千三百萬日圓。資金分配在設備投資以及營運資金上，新企業終於開始經營。

最可靠的是「人心」

創業時，我們採用了二十名中學剛畢業的新員工，進入公司沒多久，就有人發出「我不知道是這種剛成立的新公司」的抱怨。

會有這種抱怨，主要是因為徵才時我們雖然用京瓷的名義，但是找不到合適的事務所，只好借用宮木電機的漂亮辦公室舉行面試。因此那群剛從中學畢業的年輕人，以為面試的場所就是徵員公司的本部。等到進入京瓷公司，才發現原來是租用宮木電機的倉庫，得在老舊的木造建築物裡工作，因而感到不滿甚至抱怨：「不知道原來進了一家如此小的企業！」

凝聚人心的過程讓我煞費苦心。我也因此一直不停認真思考：「對經營而言，什麼才是正確的？」我既年輕又是技術員出身，卻必須負起身為經營者的責任。經營企業責任之重，常讓我連夜無法成眠。

煩惱之餘，我得到「人心最重要」的結論。縱觀歷史，憑藉人心成就偉業的實例多到無法細數。例如美國建國或日本的明治維新，都是由手無寸鐵的人集結志向與團結的心而達成的。相反地，我們也知道許多實例，顯示人心渙散是組織或集團崩毀的主因。

如果說善變、無法確定的是人心；與此相對的，一旦彼此信任而互信互賴，最堅固且最可靠的，也是人心啊！

新員工的連署書

誠如我說過的，京瓷創業的時候，完全沒有企業經營必須具有的資金、土地以及設備，更別說公司的口碑或知名度了。在如此不利的情況下，京瓷要延續生存，唯有成為彼此信任的夥伴，以及仰賴夥伴之間心靈的聯繫。我的做法是首先自己必須先信任員工，然後設法取得員工對我的信賴。

企業經營最重要的因素就是經營者與員工之間以心為本的關係。讓我再度強烈意識到其重要性，並重新思考企業經營目的的是以下事件。

京瓷設立的第二年，即一九六〇年，我聘用大約十名高中畢業生。當他們做滿一年，我正覺得他們「開始對工作上手」的時候，這些員工集體遞交一份「連署書」給我。

在這份連署書裡寫著「將來最低加薪多少，年終獎金多少」等內容，也就是向我要求待遇的保證。

事實上，我在面試時就對他們說過，「我不知道能做到什麼程度，只知道自己會拚命努力讓公司成為偉大的企業，你們想在這樣的企業工作嗎？」我相信他們是理解之後才進入公司的，沒想到才要滿一年就提出要求，並且說出「如果你不能承諾，我們就辭職」這樣的話。

這些員工是公司剛成立、欠缺人才的情況下，採用後立刻派到現場工作，歷經一年的鍛鍊，已經成為各個部門活躍的人才。如果他們真的辭職，對公司將十分不利。但是，如果他們堅持要求也沒有辦法，「大不了回到創業時的原點吧！」我抱持著這樣的覺悟回答他們：「我無法接受你們的要求。」

公司成立迄今只有兩年，對於公司的前途，我自己也沒有十足的把握。我能描繪的將來頂多只有「無論如何，只要我拚命努力，一定會有點成果吧！」這種程度。即便如此，如果為了挽留他們而說出「我承諾給予這樣的待遇」就是謊言。我無法對缺乏自信也難以預料的事情做出保證。

雙方的會談在公司沒有結果，又到我家中繼續談到深夜，但是他們仍然很頑強不肯答應留下，只好明日再談。

第二天，他們還是說「資本家和經營者都能言善道欺騙勞工」，不肯相信我的話。於是我說了以下的話。

「我有沒有騙人，無論我說多少話也無法證明。雖然我身為經營者，但是我的頭腦裡並沒有『只要我的經營順利就好』這種想法。我想要辦的是，讓進來公司的你們打從心裡肯定的企業。如果我做的是不負責任的經營，或只為我個人的利益工作，你們可以殺了我！」

花了三日三夜，徹底跟他們推心置腹。結果他們撤回要求，繼續留在公司，比以前更加賣力地跟我一起工作。

確立經營理念

對我而言，這個事件可以說是讓我了解企業經營根本原則的重要契機。

在那之前，身為技術人員的我，設立企業的動機是「把自己的技術呈現給社會」。對於公司未來的想法也停留在「只要努力工作，就不至於餓死」這種程度的思維而已。

我在七個兄弟姊妹中排行老二，理應照顧鹿兒島家鄉的弟妹。連這件事都做不好的我，如何照顧剛招募進來的員工，保證他們的將來呢？

我也是遭遇這個事件才知道，就算經營者自己都不知道明天會如何，公司的員工卻期待幾年之後能提高待遇，並希望公司能保證他們及家人的將來。

那時我深切感到「自己開始了始料未及的艱難任務」。也從那時，我才開始了解，所謂的企業經營「並非只是實現自己的夢想，而是從現在到未來都得保護員工和他們的家庭」。

從此次經驗我也吸取了以下的教訓：所謂的經營，就是經營者傾盡所有能力，為員工謀求最大的幸福；企業一定要樹立完全脫離經營者私心的大義目標才行。

那時我以「追求全部員工的物質、精神兩方面的幸福」作為經營理念之首。再者，我也是社會的一分子，再加入「為人類、社會的進步發展做出貢獻」這一條，擬出京瓷的經營理念。

從那時到現在已經過了四十年，依據這項經營理念，我以「人心」為基礎從事經營。我相信就是因為有此理念，才有現在的京瓷。

外界的人好像都認為，京瓷能如此快速成長與高收益的體質是源自技術開發能力。當然這項特質也是原因之一。不過回顧過去，我認為京瓷最強的地方在於，創業時依據人與人心靈相通的堅固情誼，以及創業之後繼續以員工之間的夥伴關係做為企業經營的基礎。因此能在公司內部建構堅韌的人際關係，所形成的團隊更讓每個員工都能發揮超乎個人潛力的成果。

3
貫徹原理原則的經營

用原理原則思考

我創立京瓷，必須負起經營責任時，其實並沒有經營相關的經驗與知識。

但是創立企業後，身為經營者，我每天都必須對各種事情做出判斷。因為京瓷只是剛創立的新企業，只要自己的判斷稍微失誤，公司立刻就會陷入危機。因此，我需要做出完全正確的判斷，甚至為此擔心到連夜無法成眠。

就這樣，煩惱到最後，終於意識到，世界上通行的道理，往往是依據「原理原則」發展出來的東西，此亦為從事經營時下判斷的標準。我認為只要違反一般倫理觀念或道德觀的東西，最後絕對行不通。

因此我決定把所有的事物都回歸原點，用所謂的原理原則來判斷。換句話說，就是用「對人類而言這樣是正確的？或者是有害的？」作為基準來判斷，我體會到原理原則是「沿用正確方法，去做對人類正確的事，並貫徹始終」。

正與邪、善與惡對人類而言是最基本的道德規範，我們從小時候就受到父母與師長的教誨，可以說這些規範已經融入血肉，成為我們的一部分。

如果能遵從這些規範，那麼就算沒有經驗或知識，應該不至於做出嚴重的錯誤判斷。基於以上的考量，所以在發生實際事故的時候，都是根據「原理原則」加以判斷。

「我很叛逆，經常否定常識……」像這樣特立獨行的經營者也存在，不過就我而言，凡事必定得正面去面對，還有，我也不會否定常識或反對既有的思考方式。

就因為我並不了解經營，所以只能遵從「原理原則」，就事物的本質去思考。就是這種思維方式，不但在經營上，也在我的人生當中，指引我正確的道路。

企業經營也須貫徹原則

京瓷成立第一年的年度結算就獲利四百萬日圓，因此我那時天真地認為，公司成立之初向京都銀行借貸的一千萬日圓，「只要三年就可以還清了」。但後來才知道利益的一半必須繳稅，其餘利益還要給股東分紅，最後只剩下一百萬日圓。依這種速度，要還清一千萬日圓貸款少說也得花上十年。我記得自己當時不知所措地想著：「不喜歡一直欠債，希望早日還清借款。這種想法簡直太傻了！」

連該繳稅和股東分紅都不了解的我，更不可能知道所謂的企業組織論。因此，我經營企業不受一般經營理論或常識所侷限。一方面不分日夜整天工作，一方面根據現有的局面，考慮要用何種經營體系或組織結構，才能讓以人為本的原理原則發揮最大的效果。

有關企業經營的本質，我的思考方式也非常簡單。誠如我先前的陳述，我在創立京瓷之前任職的公司裡，不只是從事精密陶瓷的研究開發，還負責生產與銷售利用自己研發的陶瓷材料做成的零件。因此我對與經營有關的開發、製造、行銷等三個環節，都有自己的一番見解。

就我而言，所謂的經營就是把開發出的商品投入生產、行銷以提高營業額，接著將銷售所得的營業額，減去所有成本，其差額就是所謂的損益，僅此而已。

在日本，賣菜的雜貨鋪用一條掛在天花板的彈簧繩將竹籃垂降下來，把賣菜收來的錢放進籃裡並找零錢。等到打烊之後就結算營業額，用營業額減去進貨的金額，餘額就是今天賺到的錢。我發現這跟企業經營本質上是相同的。

銷售最大化、經費最小化

我經常警告自己，不可以對經營抱持刻板印象。

例如，世間的觀點認為，只要年度利益能維持個位數百分比就算優異，如果超過一〇%就是超級優秀的企業，這就是所謂的常識。但是我認為再也沒有比這種「常識」更可怕的東西了。

的確有些企業每年確保五%的獲利。即使因為日圓升值匯率大幅變動，透過努力經營，最後還是保持每年五%的獲利。問題是，既然可以透過努力經營，吸收匯率變動帶來的損失，那麼就算不須應付這些問題，也可以同樣地努力，提高企業的利益才對。

但是，因為把獲利率五%當作常識遵行，就會為了達到這個目標，作了很多決策上的努力、拚命做好經營，一旦達到五%的獲利率就安心了，不再付出努力追求比五%更高的獲利率。「常識」可以幫助我們達到目標，但是我們的最高目標必須超越常識，讓業績更加提升才行。

我曾經提出「利益只不過是營業額減去成本的差而已。因此最重要的工作是努力使銷售最大化、經費最小化，這樣努力的結果，利益就會隨之而來」的想法。京瓷創立以來，為了實現極大營業額、極小成本的理想，我一直努力建構必要的組織和經營體系。

我並非想否定常識，只是因為我以前不了解「常識」，所以只能用「原理原則」這種基準來判斷，因而將努力的目標放在將營業額提到最高，成本壓縮到最小，在這樣的過程中，京瓷就變成了高收益的企業。

追求事物，從本質著手

還有下面這種情況也曾發生。

我剛創建京瓷時，在一場公司會議中，會計部門的經理發言提到：「票據貼現押金的比例提高了。」我問：「什麼是票據貼現押金？」答案是：「在銀行貼現支票，必須強制增加一定比率的存款，這就是票據貼現押金，這項存款的比率提高了。」

我進一步問：「銀行為何採行票據貼現押金措施？」會計部經理回答：「規定就是那樣。」我提出自己的看法問他：「你不覺得奇怪嗎？銀行是因為擔心客戶跳票時遭受損失，所以讓客戶預先存錢，目的是為了規避風險吧？」經理答：「你說得對。」

接著我就問：「我們到現在為止有蓄積票據貼現押金的基

金嗎？」經理回答：「有準備。」於是我接著問：「那麼我們現在的票據貼現餘額與票據貼現押金情況如何？」答案是我們的押金餘額比票據貼現餘額還高。於是我說：「這種愚蠢的事不該存在。就算不提高押金，銀行也沒有風險了，銀行應該停止提高票據貼現押金的比率。」

這席話，引來會議出席人員的竊笑，雖沒有人明說，但是他們的表情顯示，我只是個技術人員，根本不懂人情世故。他們心中想著：「跟銀行交往是有方法的。當你什麼信用都沒有的時候，銀行融資一千萬日圓給你，現在卻這樣狡辯是沒道理的。」

我以前也想到過，這世界上的確有一些不合道理的怪事，就在會議過後沒多久，報紙上也出現日本大藏省（現為財務省）提出「銀行不可以採行票據貼現押金與定期存款兩項同時擔保才貸款的做法」的呼籲。因此，我對「比照原理原則時顯得奇怪的事，事實上就是奇怪」的想法也更有信心。

對美國企業進行銷售

到目前為止外國一直指責日本的市場很封閉。事實上根據我的經驗，由於日本國內具有堅固的市場秩序，因此不僅是海外企業，就連對日本國內新成立企業而言也相當封閉。日本企業具有只向自己的關係企業採購的特性。

因此創業初期，那些已經很有名的日本電子機械大廠，說什麼也不肯採用京瓷這個剛創立的中小企業的產品。

那時我興起以下的想法：

「日本的電子機械工業產業主要都是從海外引進技術，如果我能夠讓海外有實力的電子企業採用京瓷的製品，那麼就算沒有名氣，毫無疑問，日本大企業也會使用我們的產品才對。」

我既不會說英語，也不具有貿易相關的知識，就在剛創業不久之後的一九六二年，我出發前往美國開拓市場。

首次到國外出差

一九六二年七月，我由日本出發前往美國。那是我第一次出國，連西洋式廁所（馬桶）都沒使用過，更何況是要說英語。於是當我得知千葉縣松戶某位朋友的家中有西洋式馬桶，還特地前往朋友家中實地體驗。

當時還處於一美元兌三百六十日圓匯率的時代。一個人到美國出差的旅費是一大筆金額，這對剛創業的京瓷而言是很大的負擔。因此我帶著「無論如何都得開拓出美國市場不可」的悲壯決心，準備踏上旅途。

當我把這種決心告訴員工，不知道是大家都認同我，還是因為公司總算有人到海外出差，顯示公司有了成長，因而感到高興，幾名幹部特地從京都搭東海道線夜行列車，到東京的羽田機場送行。因為下了班就直接出發，他們身上還穿著工作制服，也不管正在下著雨，一直揮手目送已搭上飛機的我。

飛機起飛的剎那間，員工的貼心讓我感到非常開心，心情沉浸在感慨當中，但是一想到員工的期待時，我知道我不能一直感動流淚。一到紐約，很快就開始出門拜訪客戶。

問題是，現實的情況並不如預期，我並未完成任務。當時我主要是透過貿易代理商，他們無法如我所願配合我的工作。此外我也不了解美國人的工作步伐，這讓我感到非常焦慮。

住在骯髒的旅館，出去時無法說英語，甚至無法吃到自己想吃的東西。當我想到員工的期待時，就想無論如何也要拿到訂單才行。這種想法常常在半夜來襲，做惡夢、氣候嚴寒，總在半夜突然驚醒過來。最終的結果是，浪費寶貴的經費不說，最後訂單還是一無所獲。

那時我甚至認真地考慮：「我會再來美國嗎？」

受此痛苦經驗的教訓，我更努力研磨我的技術。一九六五年當我再度造訪美國，終於成功拿到美國有名的電子廠商德州儀器（Texas Instruments）的訂單，製造美國阿波羅（登月）計劃中使用的電阻棒。以此契機，我們與美國的實力企業的交易也增加。伴隨而來的是，日本國內大企業的訂單量也增加了。

與美國人相同的思考方式

首次訪美獲得的深刻印象是，美國人跟我一樣用「原理原則」判斷事物。這個印象帶給我莫大的自信心，對往後我和美國之間的生意往來有很大的助益。

日本的法律制度效法德國，以成文法為基礎。但是美國卻採行判例法。美國人經常在會話當中使用「合理（reasonable）」這個語詞。例如，判決所有狀況時，通常不會提到那個法律條文，而是強調「這是正當的」、「這是妥善的」等意思，經常使用

「合理（reasonable）」這個字彙。

法庭的裁判也是設立陪審團制度，聚集有良知的市民，做出「此案件應該如此判決」的決定。然後將此判決案例變成社會法則，後人可以沿用同樣方法做判斷。這就是美國式作風。

就因為美國採用判例法作為基準，因此日常會話才會頻繁出現「合理（reasonable）」這個字。也因此當他們碰到問題必須做出判斷時，他們自己就很認真地思考，確信什麼是合理時就做出迅速且明確的決定。

不知是幸或不幸，我剛當上上司時，根本沒有可以依據豐富經驗、知識做判斷的環境，在此狀況下，我只好像美國人一樣，面對一個個不同的經營局面，用自己的方法思考，根據自己的良知與道德觀做出判斷。

因此當我與美國人協商時，我站在和他們同等的立場，進行討論。針對某案件他們如果認為「合理」，我也認為「妥當」，當下就可以獲得一致的結論。就這樣，我跟美國做生意的過程，幾乎是超乎我預期的順利。

我認為這也是因為我身上那種根據「原理原則」判斷的能耐，所產生的功效。

上市發行新股票

一九七〇年左右，京瓷開發出多層（multi-layer）積體電路（IC，Integrated Circuits）封裝，並且成功導入量產，躍身高收益企業，達到更進一步的快速成長。京瓷自從創業以來，每年業績都維持百分之五十程度的成長，淨利率的成長也一直維持百分之四十。

因此證券公司的人經常來拜訪我們。不斷勸說，想替我們上市股票。當時的京瓷只是一家接受訂單生產陶瓷零件的廠商，我甚至不了解股票上市對我們有何意義？雖然我從不去考慮，卻接受他們熱心的勸誘。在我聽完各式各類的說法之後，我開始想，為了公司也為了員工，我應該讓京瓷的股票上市。

當時證券公司的人教我，一般股票上市有三種方式。第一是創業者在市場賣出手中持有的舊股票。第二種是公司發行新股票，然後在市場公開銷售。第三種是兩者折衷，創業者讓出一部分持股，一方面發行新股票。

通常如果由創業者或股東幹部，釋放手中所持的股票，對他們而言是莫大的獎勵。好像多數企業都傾向採行第一種方式。也有人形容這可能是創業企業的目標吧。事實上證券公司也告訴我：「從創業到現在費盡辛苦，當作回報過去的辛苦經營，不妨盡量賣出手中所有的股票。」但是我不同意這種說詞。我決定採用第二種方式，用發行新股票的方式上市。

何謂企業？經營者？

當時我經常思考「經營者到底是什麼？」這個問題。我既是京瓷的總經理（社長），同時也是稻盛和夫這個人。也就是說，同時具備公司的代表和個人兩種身分。根據狀況，經營者有時得站在分界點上判斷，應該朝對公司有利的方向前進，還是為個人的利益有所行動？我想這也是經營者的定義會遭到質疑的地方。

此外，我也被迫考慮「企業到底是什麼？」這個問題。因為企業不會發聲說話，因此必須由領導人——也就是經營者代表發言。股票上市，創業者釋放手上握有的股票並不是什麼壞事。因此，經營者也無須為此產生罪惡感。但是，企業或許可以這樣對員工說：「抱歉，眼前公司急需增加設備投資，如果各位願意將上市的利潤用在設備投資上，肯定對公司幫助很大。」經營者不但是個人也是法人的代表，必須能夠代表企業說話。也因此應該豎起耳朵，仔細聆聽企業內部的聲音才行。

一九七一年十月一日，京瓷正式發行新股票，在大阪證券交易所第二部、以及京都證券交易所上市。

初期交易，京瓷的業績受到很高的評價，因此湧進大量買股票的訂單，公開招募的價格原本定為每股四百日圓，結果以五百九十日圓收盤，交易量也達八十萬股。結果，發行這些股票所獲得的金額全部納入京瓷公司，成為日後推動公司發展的強大力量。

即使面臨企業股票上市的分水嶺，對企業與經營者的影響，要認真地去思考，要選擇能讓企業持續發展的方式，即使個人不能得到利益。我認為，就是這種判斷方式，才讓京瓷持續發展至今。

4
迎合顧客需求的經營

當顧客的僕人

我時常告訴員工「應該把自己當成顧客的僕人」。這句話除了顯示應對顧客的態度，也徹底呈現顧客至上主義。無論就研究、製造、銷售各個方面，京瓷都採行重視顧客需求的經營方式。我們只是剛創立的新企業，除此之外，別無其他生存之道。

尤其是接待客戶時的姿態，我告訴員工面對客戶要甘於身處僕人的地位。「甘於」是指沒有討厭的心情，用自發的歡喜心，自願當客戶的僕人。如果無法勝任客戶的僕人職務，就算擁有再偉大的銷售戰略，也只是畫餅充飢而已。就算成功也只有一次就結束，成功很難持續不斷。原因就在於：對客戶徹底奉獻的精神也是一項經營上的大原則。

雖然對客戶要徹底地服務，但還是有限度。例如關於價格，就算你想定價便宜，也不能只求銷售就亂賣。品質也一樣，無法追求絕對完美的水準。交期上也要考慮到材料調度、製造、物流所需的時間，也不可能做到馬上交貨。

但是面對客戶的態度，和給客戶的服務應該沒有限度。因此我才說要像僕人一樣，對客戶徹底服務。

以未來進行式從事開發

就算拜訪客戶洽談生意，不用說也知道，商品無法符合客戶需求，生意也談不成。但是整備好客戶需要商品的生產線，同時具有開發商品技術的能力，也不是常態。尤其是對剛建立、規模不大的企業而言，能具備充分商品開發能力的應該很稀少吧！

問題是，也有客戶對著你說：「如果你能開發出這種製品我就買。」而他要求的技術往往遠超過業界或自家企業的技術能力。但是當你聽到客戶提出這種需求時，就算這種產品尚未出現在公司的產品群裡，或公司的技術力還不夠，也一定要先回答「我可以做」，最重要的是把訂單接下來。首先，接下訂單。然後才開始考慮「如何開發？」、「如何在短期間內交貨？」等問題。為了不帶給下單的客戶困擾，接下來就是拚命開發新產品。所謂的創新企業尤其需要具備這種姿態。

無論對企業或個人，使用未來進行式考慮能力十分重要。最好是設定超乎自己能力之上的目標，最初設定的是現時點根本不可能達成的超高目標，但是下定決心在未來某個時間點達成。然後開始構思提升自己的能力去趕上那個超高的目標。

如果用現在有的能耐去判斷自己是否能做，根本不可能勝任任何新業務。除非決心設法達成，否則根本不知道能否達成這個創造性的業務。

如果無法像這樣，以未來進行式處理自己的能力，創新企業或中小企業的新業務便無法成立。如果不能消化客戶需求、衡量自己公司的技術潛力、當下立刻對客戶說出「這種式樣在這個交期必定可以交貨」，對還沒有什麼知名度的創新企業而言，就很難得到交易機會。

好到幾近完美的新製品

就品質而言，如果不能整頓出提供比競爭對手更優異的產品、安定出貨給客戶的作業系統，公司的業務也無法順利發展。

從創業時代開始，我就一再提醒員工，有關產品的品質必須是「好到幾近完美的製品」才行。意思是，必須能製造出手上拿著全新真鈔那種觸感的優異製品。除非是那樣的製品，否則我不認為可以讓客戶達到真正滿意。

從前，某個研究者不知歷經幾個月的辛苦努力，終於拿著完成製品的樣品前來向我報告。但是才看一眼樣品我就立刻脫口說出「顏色不對」。

「我期待的是水準更高的東西，不是功能差強人意就行。整體而言顏色不對，這樣的東西是不行的。」

話雖如此，他應該已經絞盡腦汁、非常努力地工作了吧。無法控制情緒的情況下，他提出反駁說：「雖然顏色不一樣，但已經滿足功能要求了啊！」

自己花了幾個月從事研究才完成的東西竟然如此快速地被否定，他感到憤怒也是理所當然的吧。即使如此，我還是以「我『預想』的東西，並非這種顏色的陶瓷製品」命令他重做。然後，在與我腦海中「預想」的一模一樣的樣品出來之前，我讓他重做了好幾次。

那時我說：「產品開發者必須能做出好到幾近完美的製品才行。要好到幾近完美、非常優異，應該完美到似乎是用手去碰就會被割傷的製品才對。」

這裡提到的「讓手一碰就割傷」指的是，不只擁有優異的功能，顏色與形狀也要好到沒得挑剔的意思。此外，也具有必須交出比客戶要求的品質水準還高的製品之意。我經常說：「就算過度高規格也無妨，產品開發者首先應具有的態度就是不惜努力，製作出幾近完美的東西。」

首先是不去考慮成本，只有一個也好，先做出最高品質的製品。然後再考慮成本，並探討如何達到量產的方法。我認為應該用這種方法開發產品。

從製品可以看出製作者的心。思維粗糙的人做出來的東西就顯得粗糙，細膩的人做出來的東西就是細緻。但是，先粗糙地製作出成品，再從成品當中篩選良品的實例不是很多嗎？我的想法是，必須要做到以完美的作業工程為基礎，工作細緻到「傾聽製品對著你說話的聲音」，且非得在這種集中細緻作業流程中製作出「讓手一碰就割傷的製品」才行。

決定價格就是經營

我認為控制經營生死的就是「決定價格」。

面對如何制定產品價格，有很多種思考方式。降低價格、薄利多銷？還是提高價位、而使銷售量少但利潤較高？這種價格的設定不分階段，並且有各種方式。可以說，如何決定價格，正好反映出經營者的思想。

決定某項產品的價格時，最困難的是預測能夠銷售的數量，以及可以創造出多少利潤。萬一價格定得太高，產品會賣不出去；如果定得太低，就無法產生利潤。無論如何，只要價格定錯了，公司經營就會蒙受很大的損失。

對自己的產品有正確認知的情況下，把一個產品的利潤與銷售數量相乘的積數擴到極大值，並求取一個點，然後用這個點設定價格。這個點必須是讓客戶看了也會喜歡才行。

就製造廠商而言，有必要像這樣，透過深思熟慮所決定的價格，產生最大的利益。過程中應該先放下材料費、人事費、各種經費等固定概念及常識。在決定價格時，應該同時決定式樣與品質，在符合所有的條件下，用最低的成本製造產品，這樣的努力是不可或缺的。

贏得客戶的尊敬

古有明訓，商業的終極意義就是取得客戶的信賴。漢字「儲」（譯註：意思為賺錢、蓄積財務）這個字是由「信」字加上「者」字構成，意思是相信者。隨著相信自己的人增多，利益自然提升，這是自古以來的明訓。這句話完全正確，不過我認為在此之上，還有別的條件。

當然，信用是商業的基本條件。商業界總是先強調，只有取得客戶的信任，業績才會往上提升。但是，我認為在信用之上，更需要求「德」。

備齊好品質的產品、夠實惠的價格、準確的交期這些數據化的要素，盡力做好對客人的服務，的確可以獲得客戶的信任。不過我認為，我們還可以由客戶身上得到更高的尊敬。

如果能獲得客戶的尊敬，那麼當面臨與競爭對手比較品質或者價格高低時就可以超越這些問題。例如，客戶會以「不管怎樣就是想買那家公司的產品」的理由，優先採購我們的製品。相反的，無論價格多低廉，「那家公司的產品我不想買」的情況也會發生。

我想，能夠做到讓客戶尊敬，甚至與客戶之間建立堅固的關係，這才是真的生意吧！要做到這樣，無論經營者或從業人員都應該具備值得尊敬的崇高人格。企業是一面能反射出由經營者到全體員工姿態的鏡子。正因為如此，特別是經營者，更應該持續不斷地努力提升自己才行。

5 向未來挑戰的開創式經營

經常挑戰難題

「京瓷能有此發展，是因為最早投入高度成長潛力的精密陶瓷產業、具備優異的開發技術，再加上搭上了時代潮流列車之故。」這是世間對京瓷的評論，也就是說，京瓷是具有遠見、技術，加上運氣好，才得到大發展的企業。

然而，這只是片面的觀察而已。我認為，京瓷如果投入其他產業，一定也能夠達到同樣的成功。理由在於：京瓷具備所有向新事業挑戰、並獲取成功所需的一切條件。

要展開新的業務，首先一定要展現堅決的挑戰姿態。一般人面臨新事業的展開，優先考慮的都是資金、行銷與技術方面的實力。但是，這些只能視為經營資源裡必要而非充分的條件，最重要的前提是果斷挑戰困難的態度。

我一直在向新的事業挑戰，無論遇到任何困難絕對不會放棄。為了傳達這樣的精神給我的員工，也為了證實這項條件的重要，我一直朝不同領域多方展開挑戰。

結果，京瓷並不侷限於陶瓷零件的產業，從太陽能電池、印表機、行動電話等消費性產品，到ＤＤＩ等電信電話事業，涉足各式各樣的事業領域，每項新事業都獲得成功。

當企業採守勢經營，就表示衰退的芽已經冒出來。為了避免這種情況，企業必須不斷投入新的事業，並取得成功。這樣一來，員工也會因為公司勇於展開新事業而受到鼓舞、更加努力。

經營者一定要經常展開挑戰。萬一走在前面的經營者倒下來，承繼經營者精神的員工，也應該跨過經營者的屍體繼續往前挑戰，一定要創造出這樣的企業精神才行。

挑戰的資格

「挑戰」一詞聽起來很順耳、令人振奮，但是同時也伴隨著很大的風險。我能經常挑戰成立新事業，前提是具有耐得住風險的優良財務體質。

一九八四年，我趁著日本電信市場開放自由經營時創立了ＤＤＩ，當時京瓷的保留盈餘（編註：指留在公司內部，未以現金或其它資產方式分配給股東、轉為資本的盈利，一般作為投資之用）高於一千億日圓，就算電信事業失敗，也不至於影響京瓷的根基。

因為有這樣的保障，才敢斷然展開新事業。不具備實力的挑戰，只是逞匹夫之勇。企業必須具備無論遭遇任何危機都能安全往前航行的資金力和財務體質，才能發展新的事業。

要迎向挑戰還必須具有面對困難的勇氣與可以不計代價付出的努力。如果熬不過這種嚴酷的過程，就無法在挑戰新事業時獲得成功。

除非具備這些資格，否則最好不要將挑戰掛在嘴上。唯有財務上基盤穩固，並且具有挑戰的決心和覺悟的人，才能挑戰獨創的事業，並且獲得成功。

畫出無止境的夢

所謂新創企業（譯註：Startup company，指以新技術或高知識為憑藉，展開創新事業的中小型新興企業）的經營者，必須經常向新事物挑戰。

換句話說，必須是不想停下腳步、維持安定的人，也必須是充滿各種期望、對未來有無盡夢想的人。還有，也必須是不拘泥於常識、相信只要努力就能開創新可能的人。

要把夢想變成現實，一定要有強烈的意志力和熱忱。「想要成為這個」、「應該要這麼做」的強烈意志，必須是從當事人內心最深處的靈魂擠壓出來，才能成就夢想。

除非是不管碰到任何困難，都能從內心深處湧出一定要跨越困難、達成目標的強烈意志之人，否則很難從事具創造力的工作。若只是「總之先做了再說」、「人家都在做，我們也試試看吧」這種程度的意志力，絕對無法在新事業上獲得成就。換句話說，不論碰到多大的困難也絕不放棄，除非具有這種一定要讓目標實現的強烈意志，否則無論是新事業或企業的多角化發展，都不可能達成。

滲入潛意識的強烈願望

一般人會認為，從事研究開發時，只要眾多研究項目中有一部分成功就好，但我不這麼想。

我以一個技術人員身分踏入社會，常年從事研究開發工作。

我所採行的方法，就好比狩獵民族在追逐獵物，手上拿著把長矛，循著獵物的足跡、不眠不休地追著，想盡辦法就是要追捕到獵物。

總之，有了「無論如何都要擁有」的願望，加上「無論怎麼做也要完成」的責任感，然後靠「絕不說軟弱的話」的意志力，奮鬥到底。

「靠著堅持滲入潛意識的強烈願望，貫徹執行自己設立的目標。」這是我常對公司員工說的話。只要願望夠強烈，必然可達成目標。願望夠強，就會浸透到自己的潛意識裡，深藏在潛意識裡的願望，即使在本人睡著、什麼都沒想時，也會持續執行行動，做出能夠讓願望實現的行動。

僅是「希望」的程度不可能有所成就。必須每天不停思考，讓自己的願望深入潛意識，如果能擁有如此強烈的願望，即使是在新領域也能實現目標。

多層IC封裝的開發

有關京瓷的發展，在此我想先試著陳述劃時代的（epoch-making）製品「多層IC封裝」的開發。

IC（譯註：Integrated circuit，積體電路，將電晶體、二極體、電阻、電容等電子元件用微電子技術集成於其上的微小晶片）廣泛使用於我們身邊的電子產品，已經成為人類生活中不可或缺的東西。用來保護IC的外裝零件就是IC封裝。

京瓷剛創業不久的一九六〇年代，正逢日本電子產業蓬勃興起的時期。電晶體（譯註：transistor，一種固體半導體零件，具有放大、開關、穩壓、訊號調節等功能）的技術確立之後，ＩＣ、ＬＳＩ（譯註：Large Scale Integration，大型積體電路）技術持續蓬勃發展。在美國西海岸的矽谷，與半導體相關的企業也如雨後春筍般增加。這些企業向京瓷採購保護半導體晶片的陶瓷零件，雙方交易量愈來愈大。

一九六九年春天，我走訪美國某個電子零件廠商，接受了高密度封裝零件的訂單——那就是最早的多層ＩＣ封裝零件。

這個封裝零件由兩層長寬皆二十五毫米（一毫米＝〇．一公分）、厚度〇．六毫米的印刷電路板重疊而成，兩塊電路板中間以九十二個〇．二五毫米的孔用電連接，周圍突出三十六根插針（pin）。這樣的製品技術遠超乎當時京瓷的技術能力。

帶來創造的東西

對方要求我們在短短三個月內，開發出這項劃時代的產品。當時我想，如果集結京瓷目前為止所有的技術應該做得出來，因此接下了訂單。等到真正著手去做，才知道根本不是想像中的樣子。

首先，公司內根本沒有如此微小的印刷加工機器。其次是在陶瓷板上鑽出直徑〇．三毫米的洞，京瓷還未確立這項技術。接著在燒陶瓷板的過程中，印刷好的金屬電路板卻燒壞了。最麻煩的是，要將兩片陶瓷板密接起來時，兩塊陶瓷板卻向後彎曲變形，無法緊密結合。好不容易解決以上這些難題、鑽了九十二個洞，通電卻顯示電流無法完全銜接，開發的進度一直停滯不前。

公司的開發陣營，經過兩個月的不眠不休、廢寢忘食、投入了全副精神，總算做出一個產品。開發出產品時的喜悅，是什麼都無法取代的。

這段期間內，參與開發工作的技術人員腦中沒有一絲雜念。為了克服製造過程中接連出現的障礙，無論醒著或睡著都持續在思考解決的方法。絕對不會逃避眼前的困難，真誠地面對產品開發的工作。

這樣做之後，原先認為困難的技術問題就一個個解決了。我認為，大概是神看到他們那種沒命工作的姿態，被那種可憐的身影感動，就伸出援手幫助他們，所以才能研發成功吧？

偶爾也有在極為苦惱、走投無路時，突然發現過去一直忽略的問題，於是困難迎刃而解。我稱呼那樣的瞬間為「神的耳語啟示」，是引人走向創造真理之路。也就是說，除非在真正緊迫的狀態下，創造之神不會伸出援手；還有除非用真摯的態度去接待事物，否則神也不會為你開啟創造之門。從空閒和玩樂中產生的，永遠只是一時的想法罷了！

從開發多層ＩＣ封裝這個產品的過程當中，我學到這項道理。再者，就因為開發這項產品，才帶來往後京瓷的快速成長。

遠高的志向是能量之源

我想探究人到底應該為何而活？無論國家、時代如何轉變，「既然生而為人，就想過充實的一生」每個人都會這麼想吧。「對世界有幫助，自己也幸福」是我反覆思考所體會出的生活方式，這應該也是人們所追求的人生吧。

我堅信這樣的生活方式是人類追求的，因為人類有著強烈的欲望，想證明自己的人生與工作是合理、正確的。換句話說，人類總是很努力地找出自己的工作、人生的價值與目標。如果不這樣做，誰也沒有辦法長期努力工作。

更重要的是，人生的目標必須是志向高的目標，如果是水準很低、充滿罪惡感的目標，幹勁也會在不知不覺間消失。

一般人總認為，只要積極、擁有強烈的熱情，就一定會成功。但是如果熱情的方向偏離正軌，導致成功的理由同時也可能導致失敗。也就是說，異於平常的超強熱情，可能是帶來成功的美酒，也可能為你佈下失敗的陷阱。

當然，事業要成功，一定要具有超常的熱情，問題是在通往成功的過程中，如果沒有將人格、人生觀、哲學，淨化成偉大的東西（譯註：指人或企業），這種成功是不可能持久的。過度熱情有時會與周遭的人發生磨擦，再者太過極端的目標意識，可能讓人出現違法行徑，最後變成沒落的原因。

成就任何工作都需要很大的能量。因此，如果欠缺那種不論誰看、從什麼角度看都會誇讚偉大的鴻鵠之志與目標意識，就無法傾盡自己的全力或得到他人的協助，也無法保持成功。

相信自己

我經常把獨創當成我的目標。所謂的獨創，就是去實現還沒有人做過，或被認為沒人做得到的事。

日本的技術或經營方法幾乎都是模仿歐美，很少聽到日本原創的事業獲得成功。身為技術者，尤其是日本人，我感到很遺憾。我忍不住會想，難道是日本人的思考模式讓日本人無法做出獨創的東西嗎？我甚至懷疑，在創造的領域當中，日本人背負了太多的包袱。

若要積極展開新事業，絕對不可或缺的就是獨創的姿態。而世界上，再也沒有比向那種沒有人做過、真正獨創的事物挑戰還更難的工作了。

這就像走在連自己的鼻尖也看不見、沒人指引的黑暗裡一般。如果是莽撞之徒，恐怕很快就站起來四處打轉了吧。接著，勢必會立刻被預料外的坑洞給絆倒。

如果是另一種凡事害怕、過度謹慎的人，大概會四肢著地、戰戰兢兢地用手摸索前進。當中也有實在太小心翼翼，不敢前進也不敢後退，結果就在原地往生的人吧。像這樣面臨未知領域被迫往前走，就能清晰顯現一個人的個性和人格。

走在沒有前人到過的路上，與循著前人足跡前進是完全不同的境界。前者能確認方向的只有自己，只能靠自己的手觸摸、靠自己的腳踩踏、用自己的頭腦確認，然後前進。後者只要追隨前人的腳印就行了。

開始從事真正的獨創工作時，最重要的是對自己的信賴，也就是自信。自己心中擁有確定的判斷基準，相信這些基準並採取行動。若非如此，在創造領域中摸索時，就會迷失道路與方向。

目標定在完美

想在研究開發、發展新事業，也就是創造的領域工作的人，當然必須擁有技術上的優勢，精神上也應該很充實，而且必須擁有自己的衡量尺度，也就是判斷的基準。

根據我的經驗，在學生時代做的實驗可以說是荒唐無稽，化學實驗的分析數據與教科書上的數字從來沒有吻合過。由於自己做出來的結果和老師教的不同，只好不斷重做實驗、修正數據資料。

因為有前例當作標準，所以能知道自己錯了，並加以修正。如果連比較的對象都沒有，就無從判斷自己的對錯以及有無必要修正了。

這種時候，最重要的是不可用「差不多這種程度就行了」的態度，而必須對任何細節都要求做到完美。

舉例來說，幾乎所有的醫生都無法診斷自己的妻子或父母等近親。尤其是需要動手術時，通常不會自己執刀，而是委託給自己信賴的醫師。這是因為他們不能信任自己。

戰時在海軍航空隊負責整備工作的伯父也說過類似的話。每部轟炸機上一定都有一位負責整備的工程師，當時每個工程師都不搭乘自己整備的飛機，而是互相交換搭乘戰友所整備的飛機。

如果自己每天都有認真做好整備，就應該對該架飛機的安全很有自信才對。然而現實並非如此，他們完全不具備自信。

飛機的整備的確是按照規定的流程實施、拚命完成了，但是當被問到是否「完美」時，就失去自信。因此考慮到萬一，還是選擇搭乘別人整備的飛機。

剛才提到的醫生也一樣，他們不認為自己已經做到完美，對自己沒有十足的信心。如果我是外科醫生，當有血緣的至親需要動手術時，我不會委託任何人，一定自己執刀。如果我是飛航工程師，我也一定會搭乘自己整備的飛機。

原因在於，我具有每天都以達到完美為目標過生活的自信。每天我都秉持完美主義，很有自信地決定自己的方向。反過來說，如果不是過著完美主義的生活，就無法相信自己，迷失方向不知道該往哪裡飛行。

想要做到完美，就必須壓抑放縱自己的心情，不容許自己找藉口，用嚴厲的態度約束自己。

「只要在必要的瞬間集中精神就好。」這種輕鬆的態度是不得容許的。每天工作時都要有緊張的感覺，認真面對所有的工作。我認為我們有必要養成這樣的習慣。

用這種方式訓練出來的敏感度，會變成習性，即使在完全陌生的獨創領域，也能夠做出正確的判斷。

6

阿米巴經營與每小時的獲利制度

全員參與的經營

組織愈是龐大，愈難察覺有無浪費。在京瓷連續成長、組織持續擴大的過程中，我把大組織再分割成小組織（細胞），務必不可從事浪費的經營。再者我也考慮到，如果要讓公司成為每位員工都對工作充滿活力的企業，就需要創造出能讓個人能力做最大限度發揮的組織。從這樣的觀點出發，我想出來的經營方式就是所謂的阿米巴（譯註：amoeba，即變形蟲，是一種單細胞生物，可任意改變外形）經營。

一個一個的組織，可隨著環境改變樣態並自體繁殖，所以稱為阿米巴。所有的阿米巴都可在公司內彼此交易，宛如另一個中小企業般活動著。

即使是對大企業而言無利可圖的工作，中小企業的經營者也會設法創造利潤，堅強地存活下去。我在企業中製造出像中小企業般根基強壯的組織，並在企業裡培養具有中小企業經營者感覺的領導人才。

此外，讓那些在末端工作的員工，把握他們各自的阿米巴組織的經營目標，站在個別的崗位上為提升業績而努力，實現全員參與的經營。這些就是實施阿米巴經營的目的。

將經營工作委託給領導人

就我們的組織而言，有依據不同產品分別設立組織的阿米巴，也有為了大量生產一種產品，依據製造工程階段分設組織的阿米巴。因此，雖然人數上有一定基準，但不是以定型或固定的目標設立的組織，沒有所謂絕對的基準。就如阿米巴這個名稱，會根據經營環境自在地變換組織與人數。

總公司對各個阿米巴有時也會給予指示，基本上是將經營責任委託給各個阿米巴領導人。雖然必須得到上司的承認，但是有關各阿米巴的經營計劃、業績管理、物品採購及勞務管理等工作，都全盤委託給阿米巴領導人。

京瓷創業不久就開始實施這種阿米巴經營，京瓷的阿米巴領導人，即使只有三十多歲，也是每天抱持著成本意識（編註：節約成本與控制成本的觀念），透過實踐經營，得到絕佳的經營經驗。

剛進入公司不久的年輕員工也立即給予鍛鍊，讓他們確實具有成本概念，如果上司不小心做了浪費的決策，也會嚴格指責上司「那樣不行，成本會提高」。這就是我先前所提的，全員參與的經營。

信賴關係的基礎是以心為本

我們的收支採用獨立計算方式，以每個阿米巴在一小時內能創造多少附加價值為準。簡單來說，就是用各阿米巴的營業額減去經費，再除以一個月的總勞動時數，所得到的數字就是經營的指標。這種制度稱為依時計算的成本計算制度。

當時如果出現因為業績好就在公司內擺出了不起的姿態，或要求發放獎金回饋的人，照理說也是理所當然，但是這種情況都沒有發生。也就是說，阿米巴經營並非獎勵式的經營制度。

阿米巴是一種經營制度，卻不是單純的經營手法。經營手法就像穿衣服一樣，循一定的方法、次序就可以輕鬆學會。如果只從經營手法上導入阿米巴經營，是無法發揮正常功能的。阿米巴經營的基礎，就像前面提到的，一定得具有京瓷哲學才行。京瓷的經營理念就是先前介紹過的「除了追求全體員工在物質、精神上的幸福，同時也為人類、社會的進步發展做出貢獻」，這種經營的目的不是為了經營者的利益，而是為了謀求全體員工的幸福。因此公司的領導層才能正面要求各阿米巴組織毫不猶疑，拚命努力工作。

要發揮阿米巴組織正常經營機能，就非得像京瓷哲學般，全體員工與經營者，以及員工彼此之間都存在著深厚的信任關係才行；也必須要有總是從人的立場堅持做對的事情的企業風氣才能成功。若非如此，阿米巴經營反而會一意煽動員工的競爭心、使員工為達目的不擇手段，甚至有可能讓企業因而走向荒廢。阿米巴經營的重點，不在於自己的組織產生了多少利益，而是讓員工思考「自己的組織在一小時內只能創造這些附加價值」、「對於公司這個命運共同體，自己只貢獻了這麼多」。

即使員工對公司貢獻很大，公司也不會發給年終獎金或獎勵金。就算錢可以收買人心，也只是一時的效果而已。就阿米巴經營而言，即使有難得的貢獻，各阿米巴也只會給予精神上的榮譽。從彼此信任的同伴口裡得到稱讚和感謝就是最高的報酬。要讓員工自然地接受這種以人為本的思維，不可欠缺的要素就是前面提到的公司經營理念和京瓷哲學。

第二部

構成哲學的基本元素之一

稻盛和夫的思想

1

人生的方程式

「能力」是先天的

在我創立京瓷不久，就發現一個可以呈現工作與人生成果的公式。那就是：人生、工作的成果＝「思考方式」×「熱忱」×「能力」。

常年以來，我就根據這個公式工作。要說明我的人生與京瓷的發展，除了用這個方程式解釋外別無他法。

我於一九三二年一月誕生在日本鹿兒島市內一個不算富裕的家庭，家族內也沒有出過有地位、有名譽的人。我本身從中學、大學的入學考試到就職考試，幾乎全都失敗，在在顯示我是個資質普通的平凡人。京瓷也不過是個由平凡人組成的集團罷了。

僅擁有跟一般人一樣「能力」的我，要如何達到比一般人更高的成就？有什麼方法？思考到最後，我找到的就是這則方程式。

在這表示人生或工作成果的三項要素當中，「能力」大概算是天生的吧！指由父母親或上天所給予的智力、運動神經，以及健康等因素，是活下去的重要資產。

我在人生的馬拉松裡，浮浮沉沉的次數多到數不盡。能頑強地存留下來，就是人生最大的財產。但是，就算健康也一樣，大都屬於先天因素，個人無法負全責。

如果用分數來表示這項所謂天賦之才的「能力」，依個人之差，得分可以從零到一〇〇分。

「熱忱」隨意志力而定

掛在「能力」上面的是「熱忱」這項因素。

「熱忱」也可以用努力來形容，關於這項要素，由沒有霸氣和幹勁的軟弱人士，到對工作與人生都燃燒著熱情的人為止，也可以評以零到一〇〇的分數。這種「熱忱」可以由自己的意志力控制。

為了讓自己的「熱忱」達到最大限度，我一直付出無限的努力。從最早就職的松風工業公司負責新陶瓷材料的研發，到與好朋友一起創立京瓷至今，我付出了比別人高出數倍的努力才與他人並駕齊驅；全心全意投入工作當中，也一直被周遭的人勸誡：「你總有一天會倒下去！」

用馬拉松來形容的話，我就像把四十二・一九五公里的長跑當成短距離賽跑般全力起跑，一般世人嘲笑我也不算過分。

我的想法是，既然出場參加比賽，一個人在最後慢慢跑也很無趣。就算只有最初兩公里也好，緊跟著最快的那組吧！因此就使出全力起跑。

過了前面兩公里，轉頭看看周遭，所謂的名選手速度也沒有多快，就想「如果是這個速度，我還行」，再提高一點速度，就超過領先的選手跑在最前面了。這是我在腦中直接產生的景象。

「思考方式」可以由正面到負面

最後剩下的「思考方式」也是最重要的因素。

思考方式是從一個人的靈魂衍生出來的，可以說是個人的生活態度。我們要問的是，這樣的態度就人類而言是否正確？相對於先前提到的「能力」與「熱忱」分數是零到一百，「思考方式」的分數是由負一百分到正一百分，變動的幅度非常大。擁有否定思維的人，其人生也大都迎向負面的結局，其原因也可以用此項因素加以說明。

由於「能力」、「熱忱」與「思考方式」三者之間是採取乘法運算，因此人生或工作的成果也會呈現很大的差距。

假設有個健康、運動神經發達、頭腦也很聰明，「能力」分數達九十分的人。這個「能力」九十分的人，認為「自己的頭腦很好、擅長運動、也很健康」而自信過度，懶惰而不肯認真努力，「熱忱」只有三十分。那麼「能力」九十分乘以「熱忱」

三十分，最後只得到兩千七百分。

另一方面，認為「我只比平均略高一點，『能力』大約六十分。但是就因為沒有才能，所以非得拚命努力不可」，於是燃燒熱情、一心一意向前努力的人，「熱忱」達九十分。這樣一來六十乘九十等於五千四百分，成績等於前述聰明人的兩倍。接著在這些成績上，還要乘以正一百到負一百之間的「思考方式」。

因就職而自暴自棄

如果一個人憤世嫉俗、嫉妒他人、否定正面的生活態度，也就是採行否定的生活方式，套用前面的方程式，由於其「思考方式」是負值，這種人愈是有「能力」、愈是充滿「熱忱」，人生或工作的結果愈是可悲和殘酷。也就是說，是否具有優良的哲學，會讓人生遽然改變。

我大學畢業時正逢日本就業困難的時期，找工作的過程也不順利。

為了省錢，我搭普通列車，不斷轉車、花了三天從鹿兒島來到東京找工作，卻沒有一間公司肯錄用我。那是個不靠關係就無法找到工作的時代。

為此我一度自暴自棄，走在鹿兒島的繁華街道上想著：「這世界上，貧窮的人沒好報，不公正、不平等的人四處橫行。與其認真、嚴肅面對這世界，充滿義理人情的俠客世界不是更適合人嗎？這樣的話乾脆去當流氓吧！」

我曾這樣想過。

我想當時如果我真的去當俠客，現在應該也在九州一帶成名，建立一個俠客家族了吧！

我具有不輸給他人的「熱忱」，也不是完全沒有「能力」，只是「思考方式」朝著執拗的方向扭曲，我的一生也會因此出現很負面的結果吧？

「能力」與「熱忱」的重要，或許大家都明白，唯獨這項「思考方式」與哲學對人生到底有多重要，從沒有人教過我們。然而，由這個人生公式就可以知道，人生最重要的，就是具有正確的「思考方式」。

走向成功的王者之道

已故的松下幸之助（編註：一八九四～一九八九年，松下電器的創辦者，在日本被稱為「經營之神」）和本田宗一郎（編註：一九〇六～一九九一年，本田技研工業〔即HONDA〕的創辦人）都沒有受過高等教育。小學一畢業就出去當學徒，既沒有進過大學，也不具備任何專業知識。但是他們不斷增長自己胸中的「熱忱」、付出比別人更多的努力，並擁有想透過事業，對以員工為首的世人做出貢獻的崇高「思考方式」。

多數人都依賴畢業自有名的大學、學問愈多就愈強的「能力」，對「熱忱」、「思考方式」也愈來愈欠缺認識。不知是否受此影響，創業成功的人當中，畢業自有名大學的人出乎意料地少。

我想原因不就在於，愈是擁有才能的人，愈難謙虛地思考、無法誠實努力地工作？

通向成功沒有捷徑，只能抱持著熱情，認真、樸實地持續努力。這種看似愚笨的方法，才是帶人走向成功的王者之道。

2

心中描繪的景象如願實現

讓潛意識出來工作

我認為，許多事物就像我們在心中描繪般達成，因為潛意識會引導我們走向成功。

經營者經常為經營等各種問題所苦，而能否埋頭研究懸而未決的課題、無論醒著或睡覺，幾乎整天都維持思考，也就是能否成就事物的決定因素。

強烈且持續的願望，往往可以浸透到潛意識裡。然後在休息的時間或接近睡著的瞬間，或者心情暫時抽離研究課題的時刻，潛意識還在運作，給予我們邁向成功的暗示。

根據心理學家的研究，深層的潛意識容量遠比顯意識大。此外，透過催眠調查下意識的心理學實驗發現，當事人說出自己平常不曾留意的事物並非少見。

事實上，就在我們的日常生活當中，不僅是顯意識，連潛意識也一直在活動。以開車為例，初學者根據「左腳踩離合器的同時，左手順便推排檔，然後慢慢鬆開離合器……」這樣的程序，透過顯意識的思考集中精神開車。但是慢慢習慣之後，頭腦完全不須意識自己正在開車，一邊考慮別的事物，也能一邊輕鬆開著車。這是因為潛意識正在運作。

問題是在達到此番境界之前，還是有必要經過集中全副精神，持續讓顯意識去運作的過程。

總之，為了讓潛意識發揮功能，就需要具有強烈到能夠浸透到下意識的思想，如果狀態只是把案件納入流程略做適當的處理，那麼絕不可能浸透到潛意識裡。想要成功，就得持續擁有可以像火一樣燃燒的願望。如果能這樣，願望最後就能深入到潛意識裡，然後就算不去想，也能朝成就願望的路前進。

所謂「看得見」

我一直勉勵員工：「利用能深入到潛意識裡的強烈願望和熱忱，去完成自己訂立的目標吧！」

所謂的強烈願望，意思與反覆思考相同。換句話說，強烈想讓願望實現，對該案件就要重複地模擬思考才行。

因為如果要成就全新的事物，當然會碰到更多的障礙。因此有必要事前就設想好消除障礙的對策，全方位思考。就在不斷模擬當中，自己的腦中也會鮮明地描繪著計劃進行中的模樣。

也就是說，在不斷重複想像成功的過程當中，雖然還沒有實際的經驗，但是必須想像自己已經成功，並且彷彿可以看到鮮明的彩色影像才行。

當我們面對新的事業，如果想得到成功，就得持續擁有強烈的意志，宛如這件事的成功已經「近在眼前」一般。沒有這樣的投入，絕對無法做到能夠在新領域披荊斬棘、開通新路的經營。

「美麗的心」招來幸運

有能力、也拚全力在工作，但是卻沒有收到成功的果實，這樣的人也不少。如果仔細觀察這些人，會發現他們腦中考慮的只有自己，而且很多人的思維方式是錯誤的。他們的心比較混濁。

得到成功者，除了擁有先前陳述的強烈願望，同時也擁有一顆美麗開朗、沒有陰霾的純粹的心。

例如，雖然有了「想讓業績成長」的目標，但是說出這個目標時，心中卻擔心：「我想提升業績，但是有許多障礙，事實上很難做到。」因此目標很難實現，還有，如果抱持「我想提高業績，這樣我的娛樂費就會增加」般的私心也不行。

問題在描繪願望時心的姿態，心中如有具有「混濁」、「骯髒」的罪惡感，絕對無法達成想要的目標。

順應宇宙律法的生活方式

關於此事，我的思慮如下。宇宙當中存在能夠讓萬物生長發展的自然法則。如果能夠順應自然法則，一定可以成長得很好。

宇宙物理學對於宇宙的形成已有定論，也就是所謂的大爆炸理論（Big Bang Theory）。這是發生在一百四十億年以前的故事：一顆粒子大爆炸引發宇宙的誕生，現在也有一種說法是宇宙正在持續不斷的膨脹擴大。

根據這項理論，跟大爆炸同時發生的是粒子之間的結合，質子、中子、介子誕生，形成原子核，電子則環繞在原子核周圍，於是形成完整的原子。然後原子與原子結合變成分子，分子與分子結合成高分子，最後誕生了生命體。生命體不斷進化，於是形成現今這個偉大的宇宙。

就這樣，宇宙從來不曾靜止不動，山川草木所有的生命持續生長發展。粒子的樣子一直維持不變，但是粒子可以形成原子，原子可以形成分子，分子可以形成高分子，高分子可以變成生命體，生命體也一直不停進化。

宇宙就存在於萬物不停生成發展的洪流中。我想，那就是所謂的宇宙意志，或者成為宇宙運行的自然法則吧？

我的想法是，能否跟著天地間萬物進化發展、與宇宙洪流同步而行，就能決定個人的人生與工作能否成功。如果能夠採行跟宇宙潮流相同的步調，一起進化發展的思考與生活方式，無論人生或事業必定能留下美好的成果才對吧？

那麼，與宇宙律法同調的思維方式又是什麼？那就是，接納所有事物，幫助一切走向發展。基督教的說法就是「愛」，佛教的教導就是「慈悲」。換句話說，就是溫柔體貼的心。

3 體貼的心

「利他」心

上述這種體貼或愛，也可以用「利他」心來形容。利他心就是凡事不只是考慮到自身利益，有時就算犧牲自己也想為對方謀福利的心。這是身而為人，最美麗的心了。在企業經營的世界當中，我認為最重要的也是這樣的心。

我會強調「愛」或「利他」，主要是因為很多人認為，在競爭激烈、或者說弱肉強食的商業社會中，只有失敗、很難成功。我想舉一個實例，證明事實並非如此。

京瓷的美國子公司——AVX電子公司，於一九九五年在美國紐約證券交易所重新上市。從京瓷買AVX到股票重新上市的故事，說明在商業界「利他」的精神是如何重要，就算犧牲短期的利益，長期下來也一定能得到回報。

與AVX公司的邂逅

我與ＡＶＸ的邂逅可以回溯到一九七四年。當時的經營者巴特勒（Marshall.D.Butler）已書面通知我，將片面毀棄該公司前身Aerovox公司與京瓷訂立的專利特許契約。那也是我與ＡＶＸ公司或巴特勒先生的第一次接觸。

這件事最早可回溯到一九七〇年代初期。我確信大量使用陶瓷多層技術的複合電容器前景可期，當時美國的Aerovox公司已經確立多層電容器的製造技術，因此我也決定導入這種技術。當時交換的專利協議合約內容大意為：京瓷在日本製造多層陶瓷電容器，在全世界銷售，並且在日本具有獨佔銷售權。

簽約之後，Aerovox 分為兩家公司，負責多層陶瓷電容器業務的是ＡＶＸ公司。巴特勒是公司的經營者，當他就任之後，知道該公司的前身 Aerovox 與京瓷的合約內容，就提出毀棄該合約的聲明。我想是在前景看好的日本電子市場，「自家公司卻無法在此銷售多層陶瓷店容器」的合約內容，讓他感到對自己公司不利吧！因此對京瓷發出想毀棄此合約的信。

自己毀棄專利合約

因為京瓷與 Aerovox 兩公司之間早已訂約，依據合約，日本在國內擁有獨佔銷售權的專利費用也已經支付，一般而言，京瓷沒有回應巴特勒先生的理由。但是，我卻不這麼想。

我一直考慮「身而為人，什麼才是正確的」這項原理原則，往前邁進。此外，我也認為這項合約：「法律上沒有問題，但是從原理原則的觀點來看頗值得考慮。的確就如巴特勒先生所言，對京瓷太有利，消除這項規定才是正確之路。」因此我正面回應巴特勒先生的要求，從契約中刪除京瓷在日本具有獨佔銷售權這部分的內容。

當時派駐AVX的京瓷資深董事（專務）本篤．羅森（Bendict.Rosen，當時AVX最高經營者）日後接受美國《富比士》（*Forbes*）雜誌訪問（一九九五年十一月號）時表示：

「那時候，巴特勒先生強調契約（京瓷與 Aerovox 訂立之有關多層陶瓷電容器的契約）並不公平，更令人訝異的是，當時擔任京瓷總經理的稻盛和夫先生也這麼認為，因此更改合約。或許有人認為京瓷因此放棄很大的利益，但這樣的看法可說是忽略了長期利益。因為這件事，也讓兩家公司建立友好的關係。」

我承認後來京瓷成功併購ＡＶＸ，很大的因素是仰賴當時所建立的友善關係。

問題是當我在併購ＡＶＸ公司時，已經完全忘記此事。重新想起剛才陳述的故事，已經是ＡＶＸ的股票重新在紐約證券交易所上市之後的事了。

提出交換股票方案

決定是否併購ＡＶＸ時，我只是當成商業問題考量，在京瓷正想擴大事業版圖做出決策。

京瓷若想展開全球戰略，內部絕對不能欠缺像ＡＶＸ一樣具有世界級實力的電子零件廠商，並提供多樣化電子零件的體制，最後才能成為綜合電子零件製造商，這是我當時的判斷。也就是說，這是在商業戰略的前提下，相當合理的判斷。

雖然我一再強調體貼別人的重要，但是在實際推展業務時，經常無法背離合理的戰略。不過，最重要的還是執行戰略時採用的手法。能夠將心比心，體貼對方，用正確方法往前邁進才符合理想。

一九八九年，我對當時擔任ＡＶＸ董事長的巴特勒先生說：「為了世界電子產業的發展，我們雙方可否結合力量，從電子零件製造商的立場，貢獻我們的力量呢？」並向他表明併購的意願。巴特勒先生很快就提出承諾。問題是，用什麼方式進行併購？

在諸多方式當中，我一提到交換股票，巴特勒先生就立刻接受了。於是那時做出的決定是，把當時在紐約證券交易所，每股交易價格約二十美元的AVX股價提高五成，重新評價為三十美元，並與在相同交易所交易的京瓷股票（ADR＝當時為八十二美元）（譯註：ADR／American Depositary Receipts，美國存託憑證，是大多數的外商公司在美國股票市場交易股票的方式）進行交換。

但是巴特勒先生很快又說三十美元太低，希望再提高一成，也就是三十二美元。當時京瓷的常務董事也是美國管轄公司（Omron Management Center of America, INC）總經理的藍森

（Rodney Lanthorne）以及美國的律師們都反對回應對方的要求。他們認為，如果太輕易接受對方的意見，以後雙方交涉中對方可能予取予求，毫無限制，對京瓷將非常不利。

但是我認為，巴特勒先生也需要對AVX的股東負責，對他來說能夠多要到一美元也好，這是理所當然的想法，因此我答應讓他再提高一成的要求。

重複允許變更條件

問題是，到了實際交換股票，也就是一九八九年十二月，紐約證券交易所道瓊平均股價指數全面下跌，京瓷的股價每股也滑落約十美元，變成七十二美元。看到這種情況，巴特勒先生再度聯絡我，希望把原先說好以八十二美元對三十二美元交換的條件，迎合京瓷股價滑落到七十二美元的現況，改成七十二美元對三十二美元進行交換。

這次連我也受不了，於是回答：「如果是因為京瓷的業績不好，只有我們一家的股價下跌，我們就該為此負責，問題是市場全體都滑落，因此沒有必要變更交換比例。」

但是巴特勒先生說：「道理或許是這樣沒錯，但是我們有很多股東，事實上已經掉到將近七十美元的股票，沒有理由讓他們用八十二美元去交換啊！」徹底強硬地主張變更交換比例。

當然這又引起藍森總經理和律師們的強烈反對，「因為市場股票價格全體都下滑，我們無須回應他的要求，我們的主張才是符合道理」，他們認為應該拒絕對方的要求。

但是我體會得到巴特勒先生為股東考慮的心情，於是回過頭來反覆模擬，用新交換率去併購這家公司是否划算。結論是，即使如此，只要我們努力一點，還是能夠確定這次併購會是成功的。因此再度接受這次對我們很不利的條件變更。

AVX的急速成長

上述的一連串判斷，並非基於事前的打算，也非為感情所牽絆。這項併購是讓文化背景相異的企業互相結合，形同企業間的結婚。因此，我當時考慮到的是必須盡最大的努力，把體貼對方的心擴大到極限。

買下AVX之後，京瓷的股價就開始上升，AVX的股東們因為獲利大增非常高興。這種喜悅不久也傳染給員工，本來被併購一方的員工很容易產生反感及不滿的情況也沒有發生。兩家企業從併購開始就有了良好的溝通。

這件事也讓京瓷的經營哲學、經營體制，在完全沒有抵制的情況下就被ＡＶＸ員工接納。結果，在併購未滿五年的短期內，ＡＶＸ的股票也重新在紐約證券交易所上市。

隨著ＡＶＸ股票再上市，京瓷於一九九六年三月結算，因為賣股票而賺進三百四十六億日圓，未賣的股票也因增值產生大約一千四百七十六億日圓（以一九九五年九月底價格計算）的利益。

更重要的是，併購之後ＡＶＸ的業績持續快速成長。併購之前，一九八九年度的營業額約四億二千二百萬美元，五年之後一九九四年的營業額達九億八千八百萬美元，成長約二·四倍。同時獲利在五年之間也成長了五·五倍，達到一億一千萬美元。

在泡沫時期，許多日本企業併購美國企業，但是之後很多都撤守或再賣出。像京瓷併購AVX這樣成功的例子似乎前所未見吧！

我認為這是「利他心」結出的果實。體貼對手、重視對方的行為，乍見之下，好像是讓自己這方蒙受損失，但是，有朝一日一定會帶來意想不到的成果。

4

「慈悲待人是為了自己」

助人再來做決定

踏進企業界之後，我還是認定「用體貼的心誠實待人」這件事十分重要。換句話說，我認為「商場上有對手，要讓包括對手的所有人都感到開心快樂」才是經營之鑰。

這種「體貼的心」在經營的世界裡也很重要。接著我想談談因為體貼別人，結果反而讓自己受惠的實例。

一九九八年，日本一家中型辦公用機械製造企業三田工業面臨破產的危機，跑來向京瓷請求支援。

討論的結果，我決定接受對方的邀請，由京瓷派出事業受託人去進行企業重建計劃，同時也期望以京瓷三田（即現在的KYOCERA Document Solutions Japan Inc.）重建企業。這樣做的理由並非基於戰術或戰略，從頭到尾都是為了幫助別人而做出的決定。

當初三田欠下超過四百億日圓的債務，雖然那時擬好分期十年償債的重建計劃，但是因為京瓷派出去的總經理以下的幹部與全體員工都非常努力工作，因此到二〇〇三年三月底就把債務餘額一起還清，提早七年完成重建計劃，從此展開新的經營。

那位京瓷三田的總經理在二〇〇一年底，集團全體幹部集結的會議中，流著眼淚對我說：

「京瓷三田已經開始變成收益成長的企業，全體員工現在重新燃起希望、充滿喜悅的心情。回想起來，大約二十年前被稻盛名譽董事長拯救的我，現在也被託付擔任拯救別人的角色了。想到這種命運的巧合，真令人感到不可思議。當初因為公司經營不善而受苦的我，承蒙稻盛名譽董事長和京瓷整體的救援，我想自己是為了報答當初的恩，才會接手重建三田的工作，我深深為此感到喜悅。」

事情是這樣的，過去日本有一家製造無線對講機收發器（transceiver）的公司CYBERNET，在一九七〇年代隨著美國民用波段無線電台（Citizens band）突然流行，業績也快速的成長。

問題是，生產單一產品的企業突然高速成長也容易陷入風險。事實上，幾年之後收發器的規格已經改變，加上美國限制日本進口，在這些改變之前，他們已在美國客戶的催促下進行快速的量產。沒想到一夜之間訂單沒了，擁有三個工廠、二千六百名員工的CYBERNET因此陷入無路可退的絕境。

也因此京瓷才會接到要求支援的請求。我的內心被那些想要會見 CYBERNET 工業公司的總經理，以及想要幫助他們的員工們的強烈念頭給填滿；另外，當我跟那家企業的幹部喝酒聊天時，也深刻感受到他們是可以一起奮鬥的夥伴。我會這樣想是因為，我認為幫助 CYBERNET 工業就是在幫助他人，就人類而言這是正確的行為。

不亞於任何人的努力，與不停地培養創意

若只靠對人而言是正確的這種想法去幫助別人、行善，事業當然不可能成功。事實上把 CYBERNET 工業納入京瓷之後，我們也捲入很大的苦難當中。

首先，我們急著投入高傳真音響等產品的製造，開始銷往美

國市場。問題是，我們不僅欠缺技術，工廠營運力道也不足，又倉促地生產，過程不太順利。還記得那時，我經常親自跑到美國紐約，會晤住在市中心的猶太人客戶，反覆進行嚴酷的商談。

在摸索當中，我還想要製造印表機，挑戰開發電子（數位）系統的照片印表機。

但是這項工作也不太順利。當初的考量是多少要運用一點CYBERNET 工業已經擁有的技術，但是也只有那一點點技術，開發產品還是非常困難。因此我們投入必要的資金與人才，費了相當多的時間，努力開發新產品。最後總算成功開發出新製品，但並不是從此一帆風順。

我記憶最深刻的是，好不容易做出使用有機感光體的印表機，向前來採購的歐洲客戶進行出口交易時的故事。

貨品抵達歐洲進行測試時，發生無法印刷及發揮正常功能等問題。調查後發現，因為貨物使用船運，從日本的港口出發、經過赤道、橫渡印度洋、通過蘇伊士運河抵達歐洲途中，貨船的船艙一直處於濕熱的環境當中，導致有機感光體失去原有的功能。最後火速空運新的感光體過去，為了解決這個問題煞費苦心。

即使困難重重，我們還是一股腦地朝架構出 CYBERNET 工業的事業、培育出京瓷的資訊機器事業努力。一個接著一個、不斷提出創意，宛如執著某種理念一般，為了培育新事業而付出努力。

說句實話，當初經手的無線對講機收發器生意如果失敗，或者緊接著的高傳真音響生意如果受挫，我們一定會考慮從機器事業領域撤退吧。但是我們真的「從不放棄（never give up）」，反而更勇於向培育電子照相技術、開拓印表機事業挑戰。

正如前面提到的，當我們正為尋找有機感光體的材料製作產品而陷入苦戰時，事實上也同時在開發一種使用所謂非晶硅（Amorphous Silicon）製作，號稱使用壽命超長的新時代感光體。接著就在這種採用非晶硅感光體的印表機上開發完成，京瓷的印刷事業總算開始要走上軌道時，剛好遇到出問題的三田工業。

荊棘遍布的道路前端就是成功

總而言之，單單只想「幫助別人就行」、「行善就好」是不夠的。善事的確是非做不可，但是如果想在行善時也能將結果導入好的方向，就必須付出努力、品嚐辛酸，不斷用心去構思點子才行。

一般而言，自認為做善事所以伸手幫助他人，結果反而落入大災難的情況相當常見。例如擔任他人貸款的保證人，結果遭到拖累的情況時有所聞。

我們不會這樣。為了讓善行結善果，我們也必須付出比別人多一倍以上的努力和心思，並且持續到成功才行。正因為我們這麼做了，才能夠期待美好結果的出現。

或許至今為止我所做過的事，都是循此模式吧。無論是接下來要介紹的DDI（第二電電）、或是現在正在進行的日本航空（JAL）的重建（譯註：作者寫此書時大約為二〇一二年，日航於二〇一〇年一月申請破產保護，由稻盛和夫主導開始重建，二〇一二年九月十九日在東京證券交易所重新上市），都不是用「為了世界為了人類」的想法去運作，就能夠順利完成的。

既然是挑戰前所未見、全新的事物，或者說去運籌帷幄以往無法順利進行的工作，每個階段一定會出現非常困難的問題。即使面對問題也不退縮，拚命努力，設法解決它們，最後就能一個一個克服。就這樣踏著充滿荊棘的道路持續前進，終於得到名為成果的果實。

京瓷的印刷事業也一樣，在一陣辛苦的慘澹經營後才慢慢步上正軌，之後再跟京瓷的影印機事業合併，終於走到現在年營收額達二千四百億日圓的境地。現在除了在中國東莞市擁有大型工廠，越南的工廠也正在興建當中，以這些生產據點為核心，更進一步向外推展全球的事業。

也就是說，讓那些背負巨額債務的破產企業，變身成為偉大的收益成長企業；讓不知道明天會如何、懷抱不安的員工們重燃對未來的希望。

事實上，先前提到的那位上台致意的京瓷三田公司總經理，在京瓷救助 CYBERNET 工業時，就是以董事身分擔任廠長的人。之後負責經營印刷事業，就在京瓷三田創立時擔任重建的先遣兵。他可以說是親身經歷京瓷發展資訊機器事業歷史的人，回顧自己的大半生與命運的巧合安排，才會有如此深切的發言。

一般人很容易這樣想：「經營是一種要求合理，需要採行戰術與戰略的工作。」問題是，誠如京瓷的資訊機器事業歷史的實證所示，即使在經營的世界，最重要的還是對人類而言正確的事與貫徹行善。接著就是持續付出不亞於任何人的努力與構思創意，讓善行能帶出好的結果。

如果沒有忘記這件事，我也會想起古人說的「慈悲待人是為了自己」，像這樣基於體貼對手的想法所做出的善事，幾經循環就會返回到自己身上，這也是實情。

第三部

構成哲學的基本元素之二

稻盛和夫的思想

1

動機良善，沒有私心

京瓷哲學的基本精神

我將所有事物的判斷基準置於「身而為人，如何做才正確？」的思考方式。此處的「身而為人」這句話非常重要。不是指對京瓷而言，也不是指就我個人而言是好是壞，而是超越一個企業或一個人的利害得失，也就是人的立場，正大光明，貫徹仰無愧於天、俯不怍於地的正當行為。這是京瓷內部，由我開始，全體員工都遵守的最基本的行動規範。

雖然說只要經營事業活動，就一定得獲得利益才行。但是，獲得利益只是結果，在經營事業的過程當中，一定要具有透過此事業實踐「為了世界、為了人類」的大義而竭盡心力的姿態。這項大義完全沒有私心，是由善良的動機衍生出來的。

雖然我這麼說，或許有人會認為我是因為「一定得在激烈的企業競爭中存活」或者「說好聽的話是因為必須打敗其他企業，提升利益吧」。問題是就商業經營而言，這樣的思維或哲學，也是幫助企業成長的最根本因素啊！

考慮創立DDI（第二電信電話）

關於這點，我想用自己創立DDI（第二電信電話）跨入電信產業的成功實例來說明。

我很早以前就在美國做生意，知道美國的通訊成本比日本低，深深感受到這對美國產業以及民眾帶來無法衡量的便利與實惠。

因此，當一九八四年日本政府決定開放電信事業民營化，允許民間企業加入長途電話事業的經營時，我想國內一定有很多企業想參與，大家都期待長途電話費可以因此大幅降低。

但是想要和擁有強大力量的ＮＴＴ（譯註：日本電信電話公司，日本最大的電信企業，一九八五年由國營轉為民營，一九八七年股票上市）對抗，經營電信事業，具有很大的風險，或許是因此緣故，我幾乎看不到民間大企業報名參加。

看到這種情況之後，我心中不免起了疑問：現有的大企業膽敢面對ＮＴＴ，進行高風險的挑戰，難道真的是想要徹底提升經營效率，削減利益來為國民減低長途電話費而努力嗎？我懷著疑問的心情開始思考。

我甚至擔心，如果找現有的大企業成立合作聯盟（consortium），跨入這項事業，結局很可能只是讓他們自己得到電信事業的經營權，並非真的想為民眾謀福利。

我也開始思考，是否該像創立京瓷一樣以創業的姿態，果斷勇敢地抱著挑戰精神發展這項事業。更進一步則想到，站在實踐為了世界也為了人民而貢獻的經營哲學的立場，難道不該為了國民大眾，去營運一個能降低長途電話費的事業嗎？

動機良善，沒有私心

雖然我有此想法，但要正面向當時年營業額遠超過四兆日圓的ＮＴＴ挑戰，京瓷實在是太脆弱了。

這就像拿著一枝木槍，站在巨大風車前挑戰的唐吉訶德一樣。同時我也想到，這種國家級的重大計劃，好像也不是京瓷該做的事吧？

即便如此，我還是無法放棄。設法降低長途電話費，建立對國民大眾有貢獻的事業，不是最適合自己這樣的人去做嗎？我的心中充滿各式各樣、錯綜複雜的思緒，每天都為此感到苦悶和煩惱。

就在煩惱的每天，晚間就寢之前，一定要自問自答無數次：「我想朝電信事業發展，真的是想為了大眾降低長途電話費這項單純的動機嗎？這項動機純淨到看不到一點瑕疵嗎？」

「難道沒有想在世界上出名的私心嗎？」、「難道不是單純的宣傳噱頭嗎？」然後是「只有善良的動機，沒有私心嗎？」我在夜深人靜時嚴格地質問自己。

就這樣過了將近半年的時光，考慮、煩惱到最後，我總算確信自己有「動機良善、沒有私心」的自信。接著，我的思慮煩惱就煙消雲散，心中也不斷沸騰湧現，無論這是多麼困難的事業，我都要執行的強烈決心與勇氣。由於要展開事業的大義已經確定，為了鼓舞自己的單純思維也清楚確認後，不管前面是什麼也毫無恐懼，可以全力朝設立公司的方向邁進。

在不利的狀況下出發

在高度資訊化的時代，多少也要減少國民的長途電話費負擔，以這種單純的動機，我決定朝電信事業發展。但是，決定之後才發現，除了京瓷還有另外兩家公司也報名參加，新的電信電話領域由三家企業揭開序幕。

外界因而有此評論，比起其他兩家公司，以京瓷為母公司的ＤＤＩ（第二電信電話）的情況是極度不利的。

主要是因為身為經營者的我，不具備電信事業的經驗，京瓷也不曾蓄積這方面的技術。此外也不像其他兩家企業，有現成的鐵道技術或高速道路的技術可以用來架設有線電纜，因此必須獨自開發微波（microwave）通訊技術，架設拋物面天線，所有的設施都得從零開始構築等各種理由。

再者，就業務方面比較，因為京瓷不像其他兩家企業，以關係企業的形態擁有許多上、下游合作廠商，所共同形成的強大企業集團作為後盾，因此有許多必須由零開始建立經銷商網路等不利的條件（handicap）。但就在什麼都沒有，所有情況都不利的情況下出發的ＤＤＩ，卻在三家新電信業者中，創出最佳業績，居領先地位。

反轉逆境

到現在還是有很多人問我，在當時對我完全不利的條件下，我是如何撥亂反正、反轉逆境的？我的答案也一直沒變：「完全在於你的心而已。我們能成功，是因為我們用很單純的心在經營這個事業。」

從ＤＤＩ創立之後，我就一直向員工訴說這樣的話：「只要能降低國民的長途電話費就好，讓我們拚命地努力吧！」、「讓僅此一次的人生，變成真正有意義的人生吧！」、「現在我們得到了百年難逢的偉大機會，感謝上天賜給我們想得到也不見得有的難得機會，讓我們好好地活用這次機會吧！」

就這樣，ＤＤＩ全體員工的心中，共同擁有了為國民的利益而努力的單純志向，從內心深處期望這個事業能成功，然後全心全意努力投入工作，並且持續不斷地努力。

經銷商看到ＤＤＩ全體員工努力的身影，也決心給予協助，因此我們得到很大的支援。還有很多客戶也用聲音來為我們打氣。就是這樣，我們全員擁有一顆同樣的心，然後聚集在一起奮鬥，這也是導致事業成功的原因。

ＤＤＩ的成功是一個實例的證據。證明我先前所說的，只要秉持「身而為人，要怎麼做才是正確？」的基準，用沒有私心的單純意念一以貫之，事業必定能順利發展。

遭到強烈反彈的汽車行動電話事業

容我再舉一個實例。這是繼ＤＤＩ長途電話事業之後，京瓷參與移動通信（行動電話）市場的故事。

就在ＤＤＩ創業之後，我心中確信「無論如何，行動電話的時代就要來臨。」也預測「無論何時、何地、任何人」都可以使用電話聯絡的日子，在不久的將來一定會降臨。

由於京瓷從事大規模積體電路用的陶瓷封裝零件，因此我對半導體相關技術的進步有所理解。也因此，我預測可能有一天，行動電話的尺寸將會變成可以放在手掌裡的大小。

接著我也確信，為了大眾，我將設立一個與ＤＤＩ同樣的行動電話公司。就這樣我懷著朝行動電話產業邁進的自信，向

ＤＤＩ的幹部會議提案。

但是，與我的期待相反的是，只有一個人同意我，全部的幹部都反對我參加行動電話產業。

理由不外乎：「已經走在前頭的美國汽車行動電話業界，全數都是赤字經營，ＮＴＴ汽車行動電話事業已經展開五、六年了，仍舊是赤字」、「世界上到目前為止還沒有成功的實例」、「為何非得要將才剛創業、前景未卜的ＤＤＩ加入失敗機率很高的事業不可呢。」

但是，因為我確信這項事業是為了國民的福利，因此跟唯一贊成我的年輕幹部，兩人開始策劃這項行動電話事業。

問題是，此時已經有一家大汽車商的關係企業宣布投入。

當時的日本，因為電波頻率的關係，除了ＮＴＴ之外，相同地區只允許設立一家行動電話公司。因此，如何將日本國內的事業區域分給兩家公司經營，就必須進行會談和協商。

塞翁失馬

我提議將日本列島分成東西兩半，然後抽籤決定。但是對方堅持表示想要首都圈這巨大市場，也不想讓出在地的名古屋圈。

另一方面，日本郵務省不准用抽籤選取方式，因此會談一直沒有結果。

那時我認為就企業的規模，我們處於下風，因此最好還是讓步，於是我將對方想要的首都圈、名古屋圈讓給他們，我們就在其他的地區發展業務。

當我向ＤＤＩ的幹部報告結果時，不斷聽到「這是什麼笨蛋的讓步？」、「東京是最能期待營業額的市場，被拿走了事業還做得成嗎？」的指責聲浪。

關於這點的指責最嚴重。或許是因為就當時的狀況而言，首都圈與名古屋圈這兩個最大市場如果被拿走，就能推測出，接下來的經營當然會遭到致命的失敗。

但是我告訴員工：「大家都想要在最容易經營的地方如東京、名古屋地區做生意。問題是如果沒有人願意讓步，或許日本國內就無法成立所謂的行動電話事業。就算是為了日本國民培育出行動電話事業，我們也只好退讓一步，讓會談能產生結果。不是也有『有失必有得』、『先敗後勝』的說法嗎?的確，我在非常不利的條件下做了決定。但是不管有多麼不利，只要能參與行動電話事業，我就心存感謝，接下來就是盡全力取得成功了，不是嗎？」

即使我如此說，還是有人諷刺地回應我：「這不是把饅頭裡好吃的豆沙餡料給別人，自己只留下皮的部分，還無所謂地吃嗎？」對此我回答：「沒錯，就是這樣，但是只要還有饅頭的皮可以吃，就不會餓死。讓我們大家一起努力，把饅頭的皮變成黃金的皮吧！」在眾多反對當中，我頑強地說服大家，最後總算讓行動電話事業開始起步。

得到大成功

員工們都知道，行動電話事業最初是背負著不利條件下展開的。因此大家也了解，必須比別人更加倍努力，才能讓事業成功。結果全數員工都具有「說什麼也不能失敗，非成功不可」的危機意識。為了建立這項事業，卯盡全力。

我們在首都圈與名古屋圈之外的地區設立八家蜂巢式（Cellular）行動電話公司，實際展開營業之後才發現當初的擔心完全是多餘的，業務非常順利往前推進。八家公司組成的蜂窩集團，業績蒸蒸日上。

事業展開後第九年，一九九七年三月底結算，蜂巢式集團的營業額合計約五千三百一十億日圓，經常利潤高達二百九十五億日圓，業績非常優異。

回顧蜂巢式集團甘於忍受不利條件的開展事業，最後獲得優異的成果這件事，我只能把成功的理由歸諸於我們擁有崇高的理想與明確的經營理念，因此受到神的加持和保護。

無論是工作或是事業，只要動機單純就一定能順利進行。不具私心、只要是為了世界、為了人類的利益的行為，我相信就無人可以阻擋。我認為，上天甚至會幫助我們。

「捨小異、求大同」

二〇〇〇年十月一日，KDDI（第二電電）公司成立，容我再次回顧一下當初的情況。

如前面提及的，京瓷在一九八四年創立了DDI公司，問題是NTT一直沒有進行業務的分離分割，完全不如DDI設立時的想像，導致同時擁有長途與市內電話線的DDI，必須跟規模巨大的ＮＴＴ展開競爭。那是一場苦戰，但是為了提供給日本國民更好更便宜的服務這件善事，我們一心一意地堅持持續經營。

到一九九九年七月，ＮＴＴ總算開始進行分割了。然而掀開蓋子的真相卻是，ＮＴＴ只是變成純粹的持股公司，只是讓底下的東日本、西日本、長途電話部門做形式上的分割而已。甚至還把 NTT DOCOMO 這家電信公司也納入旗下，把國際電話部門也收編了。結果是ＮＴＴ的規模變得比以前更巨大，成功達成集團的統一經營。

這樣下去日本電信事業根本不可能做到健全的發展，我抱著強烈的危機感，事到如今也只有「捨小異而求大同」，也就是指ＮＴＴ的對抗勢力非得捨棄個別的利害得失、做到大團結不可。

具體而言，我認為如果想在行動電話領域跟ＮＴＴ對抗，就有必要讓我所經營的 Cellular（行動電話）集團與ＩＤＯ合併吧。還有，如果要在國際長途電話領域跟ＮＴＴ通信（NTT Communications）對抗，就應該跟ＫＤＤ合併吧。我於是依據這樣的想法展開行動。

首先跟ＫＤＤ、ＩＤＯ的最大股東豐田汽車的董事長奧田碩、總經理張富士夫見面，接著也會見ＫＤＤ的董事長中村泰三和西本正總經理。我強調為了日本國民，為了日本資訊通信產業的健全發展，無論如何都應該建立足以抗衡ＮＴＴ的勢力才行。若要做到這樣，除非「捨小異而求大同」別無他法。只能跨越各企業的利害關係、追求大義，除此之外無路可行，於是我就這樣拜託他們。

上述幾位都是具有超人見識的大人物，雖然大家還是考慮到利害得失，但是都對我的大義之說產生共鳴，也就誕生了現在的ＫＤＤＩ。

企業文化不同的三家企業變成一家，這種時刻，內部往往會產生各種對立，但是ＫＤＤＩ這個企業則是活用各家的專長，宛如要成為二十一世紀擔負日本資訊通信要務的企業般，一路成長過來。我想成功原因就在大家設定「為了國民」的單純動機，然後全企業共享這種想法吧。

善的循環、愛的循環

在此我想再講一個有關ＫＤＤＩ的故事。

ＫＤＤＩ集團裡有一家沖繩行動電話（Okinawa Cellular），

它在沖繩地區經營行動電話，業績在相同領域排名第一。為何他們能發揮這麼強的力量？我想回溯當初設立這家公司的情況。

我第一次造訪沖繩是在一九七五年，主要是受邀參加當地一家飯店的開業典禮。

眼前沖繩的舞蹈與歌曲在其他地方根本看不到，沖繩人培養出非常獨特優異的文化。當我直接接觸到沖繩的風土時，心中不禁感到：「能夠培養出如此獨特文化的地方，不就是個偉大的獨立國家了嗎？」

另一方面，沖繩至今歷經無限勞苦辛酸的歷史，長期以來置身於大國（中國）的控制下，也曾被日本江戶時期的諸侯薩摩藩壓榨，到了第二次世界大戰被當成日本防衛本土的前哨地區，被強迫做了許多犧牲。我特別注意到了薩摩藩在此施展行政，不斷重複榨取資源的歷史，身為薩摩隼人（譯註：古代日本南九州地區的原住民，大和王權時期被和人當作異族人看待）之一的我，不禁興起「真的很對不起，我想道歉」，想要設法補償他們的贖罪心情。

產生這樣的心境大約是在一九九〇年的時候。當時在日本興業銀行特別顧問中山素平先生（譯註：生於一九〇六至二〇〇五年，日本的銀行家）的用心奔走下，日本本土與沖繩的經營者們聚集在一起，為了促進沖繩的經濟發展設立「沖繩懇談會」。我那時也被推薦為會員，從那時起我就開始思索：「為了沖繩的發展，該為他們做點什麼呢？」

自從沖繩歸還日本之後，日本經濟界的確有給予各種支援，但都是本土企業為了自身的利益而做，根本沒有真正為了沖繩的利益而給予支援，也就是說能跟沖繩人民生活的富裕連結的支援實例非常少。

因此我想要給予沖繩真正的經濟支援，於是提案，希望在沖繩設立獨立的企業，即先前提到的沖繩行動電話公司。

本來我們不想讓沖繩成為獨立的經濟地域，它不過就是九州經濟圈的一部分，行政方面也多隸屬九州政府掌控，因此我們最早是預定讓沖繩的公司也納入九州行動電話公司的管轄。

但是，我也經常在想「難道不能為沖繩人做點什麼嗎？」因此，我就開始轉向考慮「應該在沖繩設立獨立的公司了」。接著在沖繩懇談的會議上，我提出詢問：「沖繩看起來很像獨立國家，因此我不想把它當成九州的一部分，而是在此設立獨立的沖繩行動電話公司。各位沖繩經濟界的朋友願意出資嗎？」

在我發言之後，沖繩經濟界人士說：「從日本本土過來，卻能夠提出為了地方發展提案的人，你是第一個。」他們非常高興。之後，在沖繩的領頭企業帶領下，接受許多地方人士的出資，成立了沖繩行動電話公司。

公司成立之初，股東當然還是以ＤＤＩ為主，但是我們還是設法讓地方的持股比率能達到四〇％。另一方面，在人事安排上，京瓷除了派出董事長和其中一名高級幹部，總經理以下所有的員工全數委託沖繩人擔任。

就因為這個公司成立時的故事，讓沖繩行動電話公司的股東、幹部和員工都感到精神奕奕，把沖繩行動電話當成「我們沖繩人的公司」，拚命為公司奉獻心力。

結果沖繩行動電話創業之後，持續快速進擊，成為日本唯一能夠打倒 NTT DOCOMO、以市佔率第一為傲的企業，並且於一九九七年做到股票上市，至今業績一直順利成長當中。

我目前已經讓ＫＤＤＩ撤回派遣，只留下最高顧問的頭銜，也只有在沖繩行動電話這家公司設有顧問董事的職位。我想「只要我還健在……」，至今還保留著無給職。

以善良美好的思維做為基礎，思考「讓公司變得更大」、「讓事業領域拓得更寬」然後拚命努力，就一定能讓公司成長。不僅如此，還要讓員工、顧客、交易對手、股東，還有地方社會等與企業有關係的所有人都能和諧相處，就可以讓整體的繁榮持續下去。

換句話，應該也可以說是「善的循環、愛的循環」。在美好、潤澤的世界裡，沖繩行動電話這個企業也結出美好的果實。

2

為世界、為人類盡力

設立財團法人「稻盛財團」的動機與決定

為何一直只是企業經營者的我，會設立像稻盛財團這種表彰學術的財團呢？我想說明當初的動機與故事。

自從我在二十七歲創立京瓷之後，就全神貫注在開發精密陶瓷與企業經營上，結果也很幸運地讓公司順利成長，並且在技術開發與事業經營上得到各式各樣嘉獎的機會。

一九八一年得到的「伴紀念獎」（當時的名稱）是當中的一個。這是東京理科大學的伴五紀老師（譯註：生於一九一六至二〇〇三年，號稱日本專利之王，擁有超過兩千件的發明，一九八〇年設立伴紀念獎，原文為伴紀念賞）為了表揚對技術開發有貢獻者所設的獎項。我很單純的認定這是自己的光榮，就出席頒獎典禮。但是當我看到伴老師時，頓時感到很羞恥。

老師用他研究成果的專利收入，拚命從事表揚人才的工作，相對地，我創立的股票上市企業，因為擁有相當的私人財產而致富，這樣的我還沾沾自喜當起領獎人。「這樣好嗎？本來我應該是擔任頒獎者的，這樣才對吧？」

從那時我就開始考慮，一定要採用某種形式把自己人生當中所得的資產還給社會才行。

那時我受邀參加當時的日本ＩＢＭ總經理椎名武雄主辦的「天城會議」，結果遇到京都大學的矢野暢老師，之後就經常有機會接觸老師，跟他交談。

一九八二年左右，因為矢野老師提出「我認為在京都如果有個京都學派的討論場合是很好的事，稻盛先生可以就經濟人的角度給予支援嗎？」的建議，我於是開始舉辦學術界與經濟界之間交流的「京都會議」。

當時與會人士包括會議主席、哲學界先驅的田中美知太郎老師、前京都大學校長岡本道雄老師、數學界的廣中平祐老師、希臘哲學的藤澤令夫老師、曾經獲得諾貝爾化學獎的福井謙一老師、專攻靈長類學的伊谷純一郎老師等，都是深具影響力的人士。

大約在一九八三年，我把先前有關伴紀念獎的感想告訴矢野老師，他回答我說：「這是很好的想法，無論如何就去實行吧！至於要怎麼做才對，我認為應該創立像諾貝爾獎一樣優異的獎賞。我跟諾貝爾獎的財團很熟，您想要的話我會協助。」我那時只是聽聽，之後又找前資源能源廳長官森山信吾商量此事。

森山先生與我同樣是鹿兒島出身，他表示「退休後完全不想讓通產省（現在的經濟產業省）照顧」，便自己決定到京瓷來就職。當我告訴他：「很多人年輕時說要回饋社會，等到上了年紀就愈來愈捨不得，然後放棄。我現在也擁有一些京瓷的股票，不回饋給社會不行。但是周遭的人告訴我，我的年齡稍微早了一點，因此讓我感到很困惑。」結果他回答：「不，不算早！無論如何請立刻進行。我在通產省任職時有創立過幾個財團，讓我來協助你。」從身後推了我一把。

就這樣，在一九八四年四月，我把自己擁有的京瓷股票與持有的現金總共二百億日圓當成基本資金，成立了稻盛財團。

也就在這個時候，經由介紹，偶然與伊藤忠商事當時的顧問瀨島龍三（譯註：生於一九一一至二〇〇七年，日本的軍人與企業家）談到設立財團的事。「這是好事啊！如果有我可以協助的地方請告訴我。」他親切地對我說。基於這個緣份，後來我邀請他擔任稻盛財團董事長時，他很快就答應，並且從大方向給了很多指導。

與諾貝爾財團的交流

就在我發布，想要推展表揚事業之後，我立刻透過矢野老師的介紹，前往諾貝爾財團做禮貌性的訪問。

我告訴當時的專務董事拉美爾男爵有關我的表彰事業，他回答說：「這是非常好的事，諾貝爾財團也給予精神上的支援！」

那時我問他：「如果想要從事如諾貝爾獎般的國際表彰活

動，最重要的重點是什麼？」他教我「要從國際的觀點留意審查的公平與保持嚴正，接著就是讓獎的權威性延續下去」。我們為了表達對諾貝爾獎的敬意，決定在第一屆的京都獎就頒發特別獎給諾貝爾財團。

此外，就像諾貝爾獎有「諾貝爾的遺作」為理念根據一樣，我在創立稻盛財團、設立京都獎的表揚事業時，也擬定了「京都獎的理念」，之後無論是京都獎的審查、營運，一定都會遵循「京都獎的理念」去進行。

在所有理念當中，我第一個揭示的就是我自己的人生觀，「做對人類、為世界有利益的事，是身為人類最高等的行為」。因為我比以前更想報答培育自己的人、社會、甚至整個世界。我也經過各種思考，考慮究竟要用何種形式來實行我的想法。

此外，世間有許多默默努力的研究者，我覺得能夠讓這些人由衷感到喜悅的獎項很少，想要呼應這些人的想法，也被納入京都獎創立的理由當中。

比起現代科學文明的發展，人類在探討精神方面的問題上明顯落後。問題是科學技術與精神本來就不是對立的，我的想法是兩者如果不能取得平衡的發展，未來必定會為人類招來不幸。

因此，我寄望京都獎能夠讓科學文明與精神文化的發展取得平衡，也強烈希望此獎能對人類的幸福有所貢獻，這也是理念的一部分。

即便是現在，每當進行京都獎審查，審議即將結束時，我總是要求審查委員們把「那麼，接著請再度回顧『京都獎的理念』，重新再進行審議和修正吧！」這句話放在心上，這也是活生生的理念。

京都獎的三個受獎部門

問題是，雖然決定設立財團、發展表彰事業，但是要設計什麼樣的獎項呢？在基礎科學部門，已經由諾貝爾獎設立了生理與醫學獎、物理學獎、化學獎三個部門了，但是至今還沒有設立有關應用技術方面的獎項。因此我針對工學部出身的人，設立了先進技術部門與基礎科學部門兩個獎項。

接著加入了「精神科學與表現藝術」部門。設立之後就經常受到質問：「為何在京都獎裡設精神科學與表現藝術部門呢？」我想這涉及到「京都獎的理念」，也是基於以下的想法。

就科學技術層面來看，二十世紀堪稱是完成非常偉大的發展，看看已經進入一百週年的諾貝爾獎歷史也能理解，科學技術貢獻之偉大。

另一方面，如果觀察一下現代社會，比起我們日常享受的物質文明，科學技術對倫理道德、精神面的探索，讓人很難感覺出有帶來實際的進展。或許就是因為這樣，每天的電視或報紙都在報導戰爭、抗爭、暴力的新聞，連那些應該當國民模範的政治家、官僚，以及企業經營者也頻頻爆發醜聞。

在這種道德淪喪的社會，被奉為疑似「神的事業」的科學技術到底有無被人類正確運用呢？讓科學技術跑在前面，使用科學技術的人類，精神如果沒有跟著成長，人類的未來會很慘吧？

為了在現代社會裡敲響警鐘，我當時想，無論如何一定要在京都獎裡設立彰顯人類精神活動的部門。這也是很多人的理想，現在這個獎改名為「思想與藝術部門」，同時也被稱為京都獎的一大特色。

各部門的受獎對象領域

就這樣，京都獎以先進技術、基礎科學、精神科學與表現藝術三個部門的表揚對象開始推行。受獎者除了可以獲得獎金四千五百萬日圓，還有獎章和表揚的證書。

問題是，雖然分三個部門，對象所屬的領域還是有很大的差異，因此每個部門還分成四個不同的領域，分別頒獎。

例如，先進技術部門又分成電子、生物科技與醫藥科技、材料科學、資訊科學等四個領域；以上這些都是在二十世紀後半才開花，到二十一世紀才更進一步發展的領域，也是先前提到的所謂的應用科學技術。

諾貝爾獎重視的是基礎科學，以此來選擇受獎對象。但是無論多偉大的發明或發現，要讓它們走到實用階段，可能要花費不亞於、甚至勝過發明發現的努力才行。不用說大家都知道，經過這樣努力實現出來的技術或製品，對現在、甚至未來的人類社會都會產生貢獻。

基於同樣的理由，基礎科學部門也細分出四個領域：生物科學、數理科學、地球科學、宇宙科學。接著，先前介紹的京都獎裡最獨特的精神科學與表現藝術部門，也再細分為音樂、美術、電影與戲劇、哲學與思想等四個領域。

京都獎的審查

就像諾貝爾財團的專務董事拉美爾男爵所建議的，表彰事業最重要的就是要有公平、公正的審查。根據他的建言，我們用以下的方式來設立京都獎的審查機構。

京都獎的審查過程，除了各部門設有專門委員會與審查委員會，還有負責審查所有部門的京都獎委員會，由三個委員會進行三審制。以下容我依序介紹整個審查程序。

首先，稻盛財團會委託世界上的研究者們，推薦當年相同領域內的適當人選，然後將全球推薦給大會的候選人資料交給專門委員會審查。

專門委員會就專門的角度審查所有的候選人，然後從中選出最好的三位，再將名單提交給審查委員會。

審查委員會一方面尊重專門委員會的審查結果，一方面進行重新審議，然後將三名候選人提交京都獎委員會。

京都獎委員會會依據專門委員會、審查委員會的審議過程作為基礎，以審查委員會提報的三位候選人為核心，對照京都獎的理念，從綜合的立場內定選出最後的候選人，然後提報給財團的理事會。取得理事會的承認之後，就決定了當年度各部門的京都獎得獎人選。

以上就是京都獎的審查過程。不過因為京都獎的各種獎項又分成四個領域，受獎領域每一年都有所更換，因此每年必須重新甄選負責審查的選考委員才行。

一次審查費時大約三年。第一年先遴選選考委員，第二年取得理事會對選考委員的認定與委託，並且開始委託他們推薦各獎項的候選人，接著第三年，前半年進行審查與選擇，也是決定受獎者與舉行頒獎儀式的年度。

當初也有人建議，應該讓外國人也能進來當負責選考的委員、參與審查工作，後來我問過很多日本有識者的意見，最後大膽決定只由日本人來審查。

結果過去曾經得過京都獎的人當中，之後都獲得了諾貝爾獎。這表示一直由日本專家擔任審查的京都獎，其價值已經被世界認可了。還有，我也為這獎項甄選時眼光水準的高度感到自豪。

京都獎的頒獎儀式與相關行政事務

就這樣，每年在滿街紅葉的京都，我們舉辦京都獎迎接新選出的受獎者，會後也舉行一連串的慶祝活動。每年十一月十日舉行頒獎典禮、第二天十一日舉辦紀念演講會、十二日舉辦體驗型講座，照著決定好的日程執行活動。

首先是京都獎的頒獎典禮。在染上錦繡般金黃色彩的京都之秋舉行，稻盛財團的名譽總裁、日本皇室高円宮久子妃親臨會場，進行既嚴肅又熱鬧的典禮。此外，各國大使、領事館總領事、日本的政治界和政府官員、經濟界、學界人士也有一千多人共襄盛舉。

京都獎由京都市交響樂團演奏原創的京都獎序曲展開序幕，

接著表演每年輪一次的觀世流或金剛流的嚴肅祭典能樂（譯註：原文為奉祝能）。

再來，由各部門的審查委員說明贈獎的理由，然後由稻盛財團的董事長頒發獎章（medal）與證書（diploma）給受獎者。

京都獎贈送給受獎者的獎章，是由已故的日本雕金泰斗、曾經獲得文化勳章的帖佐美行製作的二十K金製獎章，獎章上鑲嵌八顆京瓷製造的再結晶人工紅寶石（又稱稻盛石）與翡翠。證書上增添了臨濟宗妙心寺派管長（譯註：日本宗教宗派的最高領導者）的墨書題字。

接著開始介紹每位受獎者的背景。配合照片與旁白，盡可能介紹受獎者的成長過程、與家人彼此間的回憶、在研究室的光景等，讓人能夠感受到受獎者的人格特質。

頒獎典禮的最後一個節目是兒童的合唱。由京都的兒童合唱令人懷念的童謠，歌聲響徹整個會場。

當中有一首《綠色的地球屬於誰》的合唱曲，是每一年都會唱的歌。在這首歌曲中京都獎迎接落幕。美麗的旋律流進無限感動的受獎者、與出席貴賓的內心，不管我是第幾次聽這首歌，心中還是會充滿灼熱的感受。

當晚為受獎者舉辦慶祝晚會，每年大約有八百人參加。溫暖開心的聚會中，京都祉園的藝妓們表演傳統的「拍手之舞（譯註：原文為「手打ちの儀」）」，展現美麗優雅的舞蹈，我們的想法就是凝聚出讓大家能享受京都繁榮的氛圍。

這個晚餐聚會由各國派駐在日本的大使、總領事為首，有許多外國人參加。當我聽到這些人說出「這樣活動本來應該是由國家來做，在擁有優美文化與歷史的京都，一個民間的財團能夠匯集京都文化的精髓，完成這樣的工作，應該對你表達敬意」時，感到非常高興。

受獎人在頒獎儀式過後，第二天就面對一般市民出席紀念演講會。確定得獎時我們就會通知他們領獎的條件，當他們來到京都領獎時，除了原有的頒獎典禮與晚會，也要對市民做紀念性質的演講，接著還要出席由研究者組成的體驗講座。

這樣做也是基於希望讓更多人接觸到偉大人物的言語、姿態和思想，以及喚醒人們對知識的好奇心。

演講會結束後的第二天，舉辦與專家交流的體驗講座。對受獎者而言，跟日本的同領域專家交流，也是非常重要的時刻。為了參加這個講座，有很多受獎者甚至在頒獎典禮結束後，也不到京都觀光，就躲在飯店的房間裡拚命地做準備。

此外我們也創造受獎者對著小學、中學、高中學生授課，還有跟大學生對話的機會。雖然也有人認為對年輕人而言可能太難理解，但是讓年輕人接觸到世界上充滿智慧的人物，就是供給他們此生最需要的糧食吧。

得獎者都是花費半輩子時間埋首在工作的人，光是這點，他們的話即使每句都很含蓄，還是能強烈打動年輕人的心弦。據說提問者當中，也有那種敢大膽提出嶄新問題、令受獎者感到驚訝的學生。

善意的連鎖反應

當初為了對諾貝爾獎的獎金五千萬日圓表示敬意，京都獎的獎金由四千五百萬日圓開始。之後，因為諾貝爾獎的獎金提高了，第十屆京都獎的獎金也提高到一個獎項五千萬日圓。

獎金的用途是京都獎頒獎典禮後的共同記者會上，受獎者經常被問到的問題。我本來以為大多數的得獎者會用在自己的研究上，結果令我感到意外，因為根據實際的觀察，很多人都把獎金回饋給社會。

例如，第三屆（一九八七年）的精神科學與表現藝術部門的受獎者，波蘭的電影導演安德烈．華依達（譯註：Andrzej Wajda，一九二六年生，波蘭電影導演與電影學校創辦人，最著名的電影為抵抗三部曲：《這一代》、《地下水道》、《灰燼與鑽石》）以他的獎金為基礎設立「京都——克拉科夫基金」，在波蘭設立介紹日本美術的中心。

第十三屆（一九九七年）基礎科學部門的得獎者、對熱帶生態學興盛有極大貢獻的詹森博士（譯註：Daniel Hunt Janzen，一九三九年生，美國熱帶生物學者）也是把自己的獎金全部用在保護熱帶雨林。

第十五屆（一九九九年）基礎科學部門得獎者芒克（譯註：Walter Heinrich Munk，一九一七年生，美國物理海洋生物學家，曾獲得英國皇家天文學會金質獎章）也用全部獎金設立「京都芒克基金」。據說他成立基金，是基於自己年輕時為籌措研究費用辛苦的經驗，因此想用獎金來達成援助年輕的科學研究者和學生的目的。

此外還有，第十一屆（一九九五年）基礎科學部門的得獎人、對現代宇宙科學發展有很大貢獻的林忠四郎博士（生於一九二〇~二〇一〇年，日本天文學家）以他的獎金為基礎設立「林基金」的獎賞，許多得獎者都將獎金用在公益活動上。

我設立京都獎的原意是想要表揚一心一意專注在研究上的人，換句話說，我只是想要慰勞那些一生努力做研究的人，只要他們把這些獎金用在自己身上就行。

沒想到結果讓我驚訝，多數的人都把所獲得的獎金用來幫助世界和人類。他們用這樣的方式回應我謙卑的想法，也就是讓「善意的連鎖反應」能持續下去，讓我打從內心感到歡喜。

3

提高心志、伸展經營

何謂盛和塾？

接著我想就當初是基於何種思維，才會成立針對中小企業經營者設立教導正確經營方法的「盛和塾」展開說明。

那是距今三十年前的事。那時夜裡偶爾會到京都市區裡喝酒，經常與京都青年會議所的年輕人聚會。每次聚會他們就會請教我：「無論如何也教我們讓企業成長發展的祕訣好嗎？」由於是在喝酒時說的話，我只好應和著回答：「有時間的話，行啊！」

問題是一段時間之後，他們就提出強烈的邀請了，「約好到現在已經好幾年了，請趕快教我們吧。」最後我實在沒有辦法拒絕了，「如果晚上可以的話我就接受，去講講話。」這就是盛和塾的前身「盛友塾」。

一旦開始試行，就有聞風消息，特地自大阪來的年輕經營者參加，並且要求「無論如何也請在大阪授課」，於是大阪也設立同樣的塾，名稱也改為「盛和塾」。接下來換成神戶的經營者說話了，「無論如何也請來授課」，神戶也開辦了盛和塾。於是形成了開塾旋風，盛和塾就推廣到滋賀、鹿兒島、富山、東京各地去了。

到了一九九一年，各個塾的負責人在交談中就開始喊出「應該成立全國組織」，就在他們的努力之下，盛和塾就像星火燎原，在日本全國各地都成立新塾。這股漩渦也蔓延到海外，巴西、美國、中國、台灣都有開塾，目前海外的塾就有十六個，塾生總人數達到八千人。

在盛和塾學什麼？

盛和塾是因為真誠的經營者「想學經營方式」，為了回應他們的期待而開始教導，因此每位塾生入塾時，必須接受現有塾生的審查才行。主要是詢問入塾的動機等問題，也就是說經過篩選的人才能進入。因此就算塾生的行業類型或企業規模千差萬別，大家都是秉持明確的目的前來學習的。

但是我在盛和塾傳授的並非「這樣做經營就會好」這種簡單廉價的經營技巧。另外，雖然有時我也會陳述經營上必要的會計、或管理會計等經營方法的要義，但是我首先傳授給他們的、最會重複解說的就是身為經營者應有的姿態，也就是身為人的「生存之道」。

舉例而言，無論是多麼小的企業，只要僱了一名員工就非得養活他不可，企業經營者的責任非常重大。即便是那些身負重責、想認真存活的經營者，我的想法還是得教他們「如何過好人生（生存之道）」才行。

我為何這樣想？因為這跟經營有直接的關係。我認為「所謂的經營就在呈現經營者的器量而已」。為了讓企業成長，首先經營者必須完成個人的成長才行。尤其是中小企業，經營者對企業的影響比想像中還大。經營者的判斷會左右經營，決定員工的命運。再者，能導引經營者的判斷的，就是經營者的人格。

經營者首先應致力於擴大自己的器量，也就是學習「身為人應該如何過好人生」的技巧，並且透過親自實踐「提升自己的心志」。經營者做到這樣的個人成長，接著就能在經營上導入正確的判斷，最後讓企業走向成長和發展。

這就是「提高心志、伸展經營」。這句話不僅是長年經營企業的我的「信念」，也是盛和塾的座右銘。

如何在盛和塾學習？

那麼，為了提高心志，盛和塾會怎麼做呢？

我們有讓塾生們自願集體學習的「自主會議」，我也會參加。還有大約一小時由我講話的「塾長會議」，以及有學生直接就自己的經營問題發問、我負責回答，提供解決方法的「經營問答」，最後是學生分享透過我的教導之後如何改善經營的實際體驗、並由我講評的「經營體驗發表」。

還有在每次學習會之後，一定有懇談會。在懇談會中，許多塾生跑到我桌邊認真發問，回答他們時我們總是毫無距離地教導他們經營的方向，有時候也會嚴格指導他們。此時有很多想聽我們一來一往問答的、也有想學習經營的塾生，不知不覺間我的周遭就圍了十層、甚至二十層人牆。這種自然產生的圍坐光景，也變成盛和塾的象徵。

還有更進一步發行了《盛和塾》雜誌與「盛和塾ＣＤ」，把「塾長講座」、「經營問答」、「經營體驗發表」等盛和塾的學習記錄下來，當成新鮮的教材。我總是透過像這種盛和塾的學習機會告訴塾生以下的話。

希望他們不要光是聽我在盛和塾講話，而是要反覆學習，把這些當成自己的生活方式去實踐。換句話說，我希望他們在每天的經營工作或生活當中，天天反省和活用、實踐所學。

我的經營哲學絕非困難的東西。就是自問：「就人而言，什麼是正確的？」然後「用正確的方法追求（去做）正確的事」這兩句話而已。例如，把孩提時期父母與學校老師教的「不說謊」、「要正直」等非常「樸實的（primitive）」教誨當成判斷是非的標準，忠實地遵守和實踐這些教誨，我認為是很重要的做法。

問題是很多經營者雖然學過這些東西，卻隨著年齡增長而忘記了，也不去實行。就在不斷累積各種經驗，知識也愈變愈豐富的過程中，或許也獲得成功。但也因此人格逐漸停滯，不再成長。然後也就逐漸忘記小時候被教育的樸實、根本的教誨，自以為是地做判斷、從事經營，結果就誤入歧途了。

每個成功的經營者都擁有個別不同的成功要素。例如單純的創業動機、不斷付出不亞於任何人的努力、或者特殊的主意，因此才能獲得成功。問題是因為成功，原來優秀的人格品質也變質了，陷入傲慢不遜的個性當中。接著公司也因為經營者的人格變了調，業績開始下滑，企業經營開始走向衰退。

好不容易花一代時間構築起來的企業，卻因為這樣走向破敗，世界上真的有很多像這種大起大落型的經營者。特別是中小企業當中，因為一時的成功就沉醉，開始喜歡吃喝玩樂，結果導致好不容易發展的企業衰退，員工徬徨街頭的實例堆積如山。

除非你經常研究「人應該怎麼活？」、「對人類而言什麼是正確的？」等問題，不斷地重複實踐與反省，人類是會墮落的。因此我總是重複告訴塾生，就自己在盛和塾學到的東西，每天都從事反省，每天都去實踐，這件事非常重要。

就這樣，打著經營塾的旗號，我幾乎只強調經營者的正確心態，覺得我的談話不符合他的想法，或者那些只期待學習經營技巧的人，最後就不再露臉，於是變成了只有對我的人格說能產生共鳴的人、想要追求這樣的生存方式的人會留在盛和塾當中。

這樣做之後，宛如「近朱者赤」這句話所形容的，擁有相同志向的人聚集在一起，不知不覺間便能切磋琢磨。哪怕是酒席間的交談，在沒有提問與言語的情況下也能給予彼此刺激和影響，在如此交流的漩渦當中，有著優秀經營能力的人就會湧現。

人才本來就是在群體裡產生的（譯註：原文「群生」）。例如在明治維新時期的長州藩士，半數以上都出身松下村塾（譯註：江戶時代末期長州藩士吉田松陰講學的私塾）；同樣的在幕末（江戶時代後期）到明治初期活躍的薩摩藩的人才，大多出身加治屋町（譯註：在鹿兒島市內）這個小地區。西鄉隆盛、大久保利通、在日俄戰爭中擊敗俄國波羅的海（Baltic）艦隊的東鄉平八郎，還有在滿州奉天（譯註：相當於今遼寧省中部）擊敗俄國軍隊的大山巖等響噹噹的明治建國元老，都是出身自這個小地區。

一般人是無法獨自成長的。必須讓有志者聚集在一起，透過彼此切磋揉合才能培養出更優異的人才，同時讓集團也跟著發展和成長。我誠心期待盛和塾能變成這樣（培育人才）的場所。

或許是基於我的心願，令人欣喜的是，塾生所經營的企業當中，上市公司輩出，目前正在準備的準上市公司也很多。就像這樣，多數的塾生能活用自己在盛和塾所學，讓自己的企業成長發展，在精神物質兩方面都能帶給員工幸福。這對終日極端忙碌，每天帶著便當進行活動的我而言，是最開心不過的事了。

擁有強烈的鬥魂與願望

身在盛和塾裡，就會經常聽到「利他」這個詞彙。這是平常在社會上很少聽到的話，但是在盛和塾裡宛如平常掛在嘴邊的寒暄話，也有人在實行。讓我感到自負的是像這樣的企業家所聚集的團體，世上也很少見吧？

這也是為什麼每當我遇到問題時，就會強調為世界、為人類盡力，是身為人類最殊勝的事，以及在經營上具有「利他」的心也非常重要。確實有很多塾生能誠實地理解這樣的事，在經營或人生方面去努力實踐，這種舉動真的非常美好。

但是請不要誤會我的意思。因為「利他」很重要，就把利益讓給競爭企業，陷自己的公司於不利，這樣的做法我絕對不鼓勵。所謂的經營是非常嚴酷的世界，如果不能在市場上嚴苛的企業競爭中勝出，那麼無論是什麼樣的企業，最後還是會被淘汰。

所謂的經營者的第一要務就是為了不讓員工為前途感到迷惑、為了顧客和股東、甚至為了社會，無論如何都要努力確保業績，賺到足夠的利潤才行。還有，為了做到這樣，經營者在面對經營時一定要擁有非常強烈的氣魄才行。

這種氣魄也可以用「鬥魂」的詞彙來代替。有點類似靠格鬥維生者那種「我能輸嗎？」的爭鬥心，這是對經營者而言絕對必要、不可欠缺的強烈鬥志。

不具備這種鬥魂的人如果擔任經營者，對當事人而言很可憐，對員工、與企業經營有關的人來說則是不幸。「想要過輕鬆有趣的人生」的人，是不能當經營者的。

現實當中也有人是因為命運的安排而當上經營者的吧！問題是只要你當上經營者，就得徹頭徹尾改掉上述那種意識型態才行。

塾生當中偶爾也有那種企業家第二代升上來當經營者的。這樣的第二代更需要在別人休息時認真加倍地想到工作，拚了命地努力，企業才能夠維持穩定而不搖晃。

企業家第二代整天只想玩樂，經營的企業完全交給別人照顧，導致前一代好不容易擴建起來的企業開始衰退，這樣的例子也不少見。如果是繼承來的企業，就非得付出不亞於任何人的努力去經營。

上述這些企業家沒有做到的基本努力，就是前面提到過的，經營者為了不讓員工迷惑徬徨，還有想要帶給員工幸福的心，所引發的「我要讓企業變成這樣」的強烈意念。正因為有了這樣強烈的意念，所以能不分晝夜，埋首於經營企業。

從早到晚不停地思考工作上的事，是非常繁重的工作；問題是，只要你是經營者，如果連這樣的工作都無法做全盤的思考，隨著時間日趨嚴苛的環境中，是無法讓企業成長發展的。

但是從相反的角度來說，不管經營環境產生多大的變化，只要能懷抱著強烈的願望、持續付出不亞於任何人的努力，應該就會成功。不過有一點要特別注意，就像先前提到過的，導致自己成功的原因有時也可能變成失敗的理由。

所謂能夠成就事業走向成功的人，通常都是有能力、有鬥魂，具有能夠打敗競爭企業氣魄與能力的人。問題是只要具有如此激烈氣質的人，很容易就落入驕慢不遜、旁若無人，這也是他們走入失敗的原因。

我希望盛和塾的塾生，首先應該要燃起鬥爭心、拚命地工作、成為一位成功的經營者。問題是，正因為他們是如此激烈的經營者，因此更要經常自問「對人而言，什麼才是正確的」，然後用正確的方式去貫徹，執行正確的事務，必須讓成功長久維持下去才行。

愈是具有燃燒的鬥魂、能強烈思考「不管怎樣也要讓企業變得更好」的經營者，學習「對人而言，什麼是正確」的哲學對他們愈是重要。透過這種做法就能告誡行為容易偏頗出軌的自己，然後繼續以強烈的願望與意志，繼續努力工作下去。這樣做之後，不僅會讓事業成功，毫無疑問地也會讓成功長久持續下去。

秉持心志持續提升自己

就這樣，盛和塾的原理原則，最後就成了學習如何讓企業經營導向成功、並且能長期持續下去的場所。但是，這種原理原則與世界上一般經營者的常識並不相同，而是一種身為人類保持信念的方法。

我們要經常問自己「所謂的人生到底是什麼樣的東西？」、「人生應該要如何過呢？」來努力提高自己的心志。透過這種做法延伸經營，把只有一次的人生，透過美好的生活方式與經營的努力，理所當然地為員工與其家人，以及社會和國家，甚至整個地球做出貢獻。

這就是所謂的「照亮一方」。例如，我認為無論多小的企業也無妨，都應該為了世界、為了人類而盡力，把自己存活的價值化為地球上的足跡，然後離開這個世界。那八千名在盛和塾學習的中小企業的經營者，即使到現在還是秉持心志、重複鑽研，透過提升心志讓自己的事業與人生變得更豐富，進一步把員工幸福列為目標，每天繼續拚命努力地活動。

設立盛和塾時，我不僅擔任京瓷的總經理，也正要創立現在的ＫＤＤＩ的前身第二電電公司；還有設立稻盛財團和正要發揚京都獎，可以說是最忙碌的時刻，當時的我可回溯到五十歲左右。從那以後三十年，幾乎是粉身碎骨在推展盛和塾的活動。

原因僅是因為我相信，佔據大半日本企業之中小企業的發展，才是日本經濟發展的原動力。數量佔據九九％以上之日本中小企業的活力多寡，跟日本經濟的發展息息相關。光是為了這個理由，我無論如何一定要幫他們取得健全的成長與發展。即使到了今天，我已經超過八十歲，我還是從日程表的空隙中挑出時間，前往世界各地的盛和塾，對著年輕的塾生解說經營的方法（編註：盛和塾持續活動三十六年，並於二〇一九年解散，塾生人數多達一萬三千人）。

4

用哲學讓企業復甦——參與重建日本航空公司

三項大義

二〇一〇年二月，就在我即將邁入八十歲之前，接受日本政府的邀請，擔任已宣布破產的日本航空（JAL）的董事長。

雖然在那之前，我已經有了在兩個不同領域創立京瓷與KDDI兩家企業、年營業額合起來達到五兆日圓的成長發展經驗，但是就航空產業而言我完全是門外漢。因此幾乎沒有一個人贊成我去擔任JAL的董事長。「您年紀大了，還是不要做比較好吧！」我獲得的建言不外乎這句話。

但是我考慮到的是重建JAL，具有三個偉大的意義，也就是具有大義。

第一點是對日本經濟的影響。

ＪＡＬ是能夠代表日本國家的企業之一，如果無法重建ＪＡＬ這家企業，讓他走向第二度的破產，將會對日本經濟產生多大的影響呢？反過來說，我考慮到如果重建成功，「連那麼嚴重的ＪＡＬ都能夠重建了，日本的經濟也一定能重建才對」，這將會成為國民重拾信心的理由。

第二點是守護、繼續僱用ＪＡＬ的殘存員工。

我考慮到的是，為了能重建成功，不得已要讓一定數量的員工離職。問題是如果公司第二次破產，全部的員工都會失去工作。因此無論如何都得守護這些留下來的員工才行。

第三點是要對國民，也就是使用者負起責任。

如果ＪＡＬ破產了，日本國內的大型航空公司就只剩下一家，如此一來競爭原理就失去作用，航空運費可能攀升、服務也可能變差吧？這樣對國民絕對沒有好處。依據公正的競爭條件，在複數航空公司的切磋琢磨下，應該就能夠對使用者提供更廉價與品質更好的服務才對。

我考慮到這三個大義，也就是興起俠義之心，因此不去想自己身體狀況，就下定決心以董事長的身分，為了ＪＡＬ的重建傾盡全力。

幹部與領導人的眼神改變了

但是我完全沒有經營航空事業相關的經驗或知識，我帶去重建ＪＡＬ的東西就是自己創立京瓷的「原點」，也就是所謂的經營哲學（philosophy）、以及經營管理系統「阿米巴經營」的方法而已。

過程中，我首先對著ＪＡＬ的幹部與員工解說「哲學」，設法做到企業內的意識改革。理由是，當我前往位於品川的ＪＡＬ總公司工作時，遇到好多次讓我感到非常驚訝的事情。

例如，當我問幹部「目前的經營實際業績怎麼樣」，他們就是再努力也無法立即給我數字。好不容易數字出來了，卻是幾個月前的資料，而且是非常籠統粗糙的東西。更嚴重的是，也沒有誰應該負起獲利責任的明確體制。

總公司與工作現場、企劃部門與現場營業部門、經營幹部與一般員工、ＪＡＬ本體與子公司之間呈分散狀態，沒有整體感。甚至可以看到各自主張、或經營領導人迴避責任的情況。也感覺不到那種面對重建、上下團結一致、拚死努力的工作熱情。

因此我為了做到改革幹部的意識，就從對他們訴說「大家必須認命地接受ＪＡＬ破產的事實」開始工作。

在公司依據企業更生法提出申請之後，ＪＡＬ還是像平常一樣繼續從事航運業務，因此幹部之間好像都沒有公司破產的感覺。為此我不斷反覆對他們訴說：「我們要承認公司破產的事實，也希望大家真誠地反省公司為何會破產、至今為止問題出在哪裡，然後秉持勇氣，設法進行改革。」我也更進一步寫下上述旨意的信件，寄給所有ＪＡＬ的幹部和員工。

再來，我利用二〇一〇年六月，聚集大約五十名經營幹部，進行為期一個月的徹底式領導者教育。因為我希望他們理解如何做一個領導人，以及經營企業時必要的思考方式。

具體傳達的事項包括，「銷售最大化、經費最小化」是經營的本質，領導者除了應該具有能夠贏得部下尊敬的優秀人格，同時也要具有無論環境如何變化也要完成立定目標的強烈意志才行。那也是從某段時間開始，只要有事我就會在京瓷或ＫＤＤＩ訴說的「哲學」，也就是企業經營的原理原則。

集中舉辦學習哲學的領導人教育，我也盡可能去親自參加、直接授課。在課程結束之後，我也跟著他們一起喝酒聊天，展開討論。

結果，當初對我的經營哲學（philosophy）感到違和，提不起熱忱的幹部們的眼神改變了，他們都想要更深入地了解何謂哲學。也就是說領導人的意識提高了，一起受同樣教育的夥伴，也開始產生那種幹部同儕間的強烈一體感。多數的幹部也萌生「如此美好的教誨，不應該據為己有，應該跟部屬分享」的念頭。

最後，聽到幹部傳達感想的各職場的領導人也提出「想要接受同樣的研習活動」的要求。為了回應他們的要求，我用幹部研修會錄製下來的錄影帶，重新實施針對領導人的研習，總共約有三千人上過這個課程。

針對幹部與領導人的教育結束，從七月開始展開所謂「業績報告會」的每月會議，目的就是希望他們能將研習會學到的事物活用在實際的經營上。月會聚集大約一百名各部門的領導人，利用三天時間讓他們報告所負責業務的經營實效。具體的項目為損益表上的科目，分別發表計劃與實績，中間如果出現差異就提出理由來說明，必要的時候我會指導他們。

重新煉製出新的「企業理念」

就這樣，我讓哲學深植到ＪＡＬ的幹部和領導人心中。從二〇一〇年七月開始，為了讓範圍擴大，也開始對一般員工進行教育。

在最前線負責與顧客接觸的員工意識如果沒有改變，公司絕對不可能變好，因此我也親自到現場，直接跟一般員工對話，促進員工從事意識改革。

在機場櫃檯工作的員工、為飛機乘客服務的機上乘務人員、操控飛機負責安全飛航的機長、副駕駛、從事維修的整備人員，我不停地來回巡視這些現場的工作者，了解他們的思考方式，然後直接告訴他們什麼是非做不可的工作。

接著八月開始，我將二月就職董事長時，在就職典禮上講的一句話：「成就新計劃時，要一心一意、不屈不撓，專注去思考，把志氣提到最高，一鼓作氣去完成。」這也是瑜伽達人中村天風（譯註：生於一八七六～一九六八年，日本的思想家、實業家、瑜伽行者）的話，做成海報，然後貼在每一個職場。

這句話的意思是說，為了確實進行企業重建計劃，就不能拿環境變化作為藉口，每個員工都應該抱持責任意識，為達目標一心不亂，除了持續做出必死的努力沒有別的想法。

另一方面，大幅度變更每月發行的公司內刊物，詳細刊載經營的狀況。讓現場工作的員工也都能明確地知道ＪＡＬ的經營狀態，以及自己的公司未來可能變成的樣子。

從那時起，我以總經理為核心，將幹部聚集起來，參考我所提供的思考方法後重複進行檢討，制定全新的ＪＡＬ「企業理念」，並在二〇一一年一月對全公司公布。

就在策定「企業理念」的同時，我也整理出長達四十項的「ＪＡＬ哲學」，這是為了實施企業理念，全體員工應該具有的思考方法與判斷基準。

為了製作這份哲學，我從各部門選拔十幾名幹部，總共舉行了將近二十次會議。據說這樣還不夠，於是假日也開會，不斷重複、徹底地討論。此外，為了檢查幹部討論的結果，也舉行以現場工作人員三十名為主的一般員工聽證會。

為了讓員工可以隨身攜帶和參照，這份哲學被編輯印製成手冊，在二〇一一年一月發給全集團的員工。

現在好像每個單位都在朝會等會議中，輪流宣讀。感覺上以

「ＪＡＬ哲學」為底，ＪＡＬ全體的思維向量已經整合成功。我想，未來就算經營體制再怎麼變化，都能夠朝正確的方向經營才對吧！

顧客捎來感動的訊息

這種朝共享經濟哲學方向的做法，改變一個又一個ＪＡＬ員工的意識。不但經營體質加強了，重建活動也變得更明確。結果ＪＡＬ不只是規模，連員工的意識水準也變成可以代表世界的優異企業了。

航空事業因為擁有很多航運上必須具備的高價航空機材設備，往往被視為巨大的「裝備產業」，雖然航空產業的確擁有這個特色，但是我認為追根究底還是應該擺在「服務產業」比較適當。

例如，當旅客來到機場的櫃檯，接待人員的對應、搭上飛機之後機艙乘務人員的接待，甚至機長如何做機內的廣播，我想這些都跟航空公司的真正價值有關吧？

也就是說，在ＪＡＬ工作的員工如何用言語和態度對著前來搭乘飛機的顧客，表達他們內心的感謝，這些對航空運輸業而言才是最重要的工作吧？

直接跟顧客接觸的員工的行動表現，會左右外界對航空公司的評價，決定公司的盛衰。「希望員工工作時能抱持讓顧客想要『再搭乘ＪＡＬ』的想法，請你們把公司的氛圍變成這樣。」我總是這樣殷切地向員工訴說。

在我擔任董事長之前，事實上我討厭ＪＡＬ。或許是因為身為代表日本的國家級航空公司的自負心理作祟，態度驕傲、傲慢，也會忽略顧客的存在。實際上過去曾搭過ＪＡＬ的乘客當中，據說因為不愉快的記憶而選擇搭乘別家航空的人數有增加的現象。

曾經是如此讓人無法忍受的企業、職場、員工的ＪＡＬ，透過哲學，在企圖改革意識當中，慢慢地完成改變。

那是因為站在工作最前線的員工，在理解我的訴說之後，回到各自的崗位和立場，拚命努力地做好他們的工作。還有他們打從內心喜愛ＪＡＬ這間公司，對顧客也抱持著樸實的「希望你們喜歡ＪＡＬ」的心情，開始用真摯的態度去接待他們。

結果，ＪＡＬ最近收到多封顧客寄來的稱讚信件，特別是二〇一一年的日本東北大地震之後，每一位ＪＡＬ的員工都返回航空運輸事業的原點，為了顧客，真的做出許多優異的表現。

例如，乘務員幫長時間關在機艙內的顧客製作熱騰騰的飯糰，關心被關在休息室裡的顧客，自掏腰包買巧克力給顧客的莫斯科分公司員工，還有接待災區救援的日本紅十字會會員、給予他們溫暖的慰勞廣播而感動機艙內乘客的機長。還有幫忙保管前往救災者的行李、默默地留下慰勞與鼓勵紙條的乘務員。

接受ＪＡＬ員工這種溫暖人心的服務，許多顧客捎來感動的回音，在此只想披露其中一則。一位當時住在福島的母親，要去關西避難，搭上過去很少乘坐的ＪＡＬ加班飛機飛往神戶，以下是那位母親的家人無論如何都想對ＪＡＬ乘務員表達感激的信函。

「基礎生活設施全斷、只能到河裡取水過活，加上持續不停的餘震和核能爆發的恐懼，母親幾乎過著夜不成眠的生活，我們擔心她，所以要她過來子女居住的關西地區避難。但是出發那天早上，某航空公司預定由茨城機場出發的班機，因為擔心核能爆炸問題突然取消了，回家的交通工具也沒有。結果把走投無路、年紀將近七十歲的母親安全送抵關西的人，是貴公司的機上乘務員們。

因為由機場到母親老家神戶時，遇到地方政府的計劃停電，電車完全停駛現場一片混亂，他們就利用轉機的方式，從茨城機場到筑波、成田機場、伊丹機場，就這樣安全地將母親送到我們身邊。

途中還會在重要時間點向我們報告，安慰緊張的母親、溫柔地聽我母親說話……在混亂的公車站陪她、並且非常留意擠身過來她身旁的人。這些行為讓母親非常感動。

母親想跟他們致謝，因此向對方要地址，乘務員卻回答：『我什麼事也沒做，我跟您相處十分愉快，這樣的事總是會回到自己身上的……我也常接受別人的幫助啊。』

或許對受過保護乘客安全訓練的乘務員而言，這只是很普通的行為。但是他們卻考慮到高齡的母親，防止她的體溫下降，讓她攝取水分，盡力讓她保持平和的心情，並且也留意到家人，這樣的行為如果換到我自己身上……一定是做不到的。

再說，雖然我長時間擔任上班族，也沒有自信可以做出同樣的教育，讓自己的屬下或員工在出事的時候，能做出像這位女性乘務員的舉動。考慮到這點，我對那位乘務員非常感激，還有對她的前輩和上司的優秀管理也是至深的感謝。

身處這樣的時代，就算卯盡全力打拚，我想還是只有無盡的辛苦吧。但是透過這段時間發生的事，我感受到自己力量雖小，但還是想支持貴公司。希望哪天能以乘客的身分，再度得到那位乘務員的體貼服務，若能以此信傳達我的心願，那就是我的幸福了。」

收到許多像這樣的書信，讓我被感動的情緒深深包圍著。同時讓我再度認識到，能激發員工行動力、喚起顧客感動的就是哲學，也就是所謂的經營哲學。

既沒經驗也沒知識，當然更沒有勝算，宛如空手入白刃般接手重建ＪＡＬ的我，手上僅有的東西就是經營哲學的「哲學」與經營管理系統的「阿米巴經營」而已。

即使只有讓員工理解「哲學」這部分，員工的意識就產生巨大的變化，他們的行動就變成得非常優異。隨著員工意識的改善，企業的業績也飛躍地向上成長。

二〇一一年三月結算的JAL重建第一年的業績，營業額一兆三千六百二十二億日圓，營業利益遠比重建計劃中擬定的年度目標六百四十一億日圓還高，高達一千八百八十四億日圓，這也是自JAL創立以來的最高實績。這樣的獲利金額也是全世界所有航空企業中最高的紀錄。

第二年度（二〇一二年三月期）受到日本東北大地震的影響，旅客人數大幅減少，四月業績大幅滑落，收益出現虧損。但是五月以後又呈V字型回復，當年的營業額達到一兆二千〇四十八億日圓，營業利益達二千〇四十九億日圓，獲利率達到一七％。

只要員工的意識往好的方向改變，公司的營運業績就會自己往上爬升。ＪＡＬ的重建還沒有結束，但是到目前的實績，就足以證明我平常強調的「提高心志，伸展經營」的經營本質，我認為這是非常好的實例。

開始運用管理會計系統

ＪＡＬ的重建已經步入正軌。我為了建立如磐石般堅固的經營模式，二〇一一年四月，我開始運用自己帶去的另一個工具，也就是管理會計系統。

對經營者而言，因為被要求做出最適當的掌舵，必須盡可能了解經營的實際狀態。也就是說每個月當然都應該看到營業額、經費等公司的數據，最好是第二天就看得到。因為經營者必須以這些數據為基礎去調整經營才行。

因此，我也開始在ＪＡＬ裡運用可以即時了解航空事業的獲利來源，也就是各路線利潤的管理會計系統。

具體的做法就是，建立所有路線的收支，在第二天早上就可以清楚地架構。同時明確規定各路線的經營責任者，之後責任者成為中心，為了提高各路線的收益能力，責任者必須花費心思創意來達成目標。

還有在整備或機場櫃檯等部門，盡可能把組織分成小集團，目的是能夠詳細地管理經費。讓全體員工都知道經費明細，「一點兒也沒有浪費嗎？」、「沒有更加有效率的做法嗎？」等集合大家的智慧，讓全體員工參與、改善經營為目標。

這就是由我構想出來，在京瓷和ＫＤＤＩ實踐過後，光是在日本國內已經有四百家企業在採用的「阿米巴經營」管理會計系統為基礎的制度。

透過導入這種以「阿米巴經營」為基礎的部門別利潤管理系統，進一步努力改善經營的結果，重建第三年（二〇一三年三月期）的業績也會比預料中高。還有在二〇一二年秋季，ＪＡＬ就會在東京證券交易所第一部重新上市，到此重建幾乎是完成了。

我已經實現兩年連續的好業績，也從第一線持有企業代表權的董事長退到沒有實權的名譽董事長職位。未來我還是會以名譽董事長的身分，把年輕的ＪＡＬ幹部，培養成真正的經營幹部，努力做培育的工作。我也正在考慮，明年（二〇一三年）的三月或是六月完全退出ＪＡＬ。

企業體制完全改變的新生ＪＡＬ，我想今後無論碰到任何考驗，還是會以代表日本的國家航空之姿，持續翱翔天際吧！

從照片來看
稻盛和夫的經營哲學

圖片是一九五九年，創業當年西鄉南州贈予的臨書。臨書至今仍放在作者的辦公室。「敬天愛人」是西鄉隆盛所倡導的理念。天是律理，敬天指的就是遵守律理；愛人則是以世人為同胞，胸懷仁心，兼愛天下。這句話同樣也是京瓷的社訓。

一九五〇年代

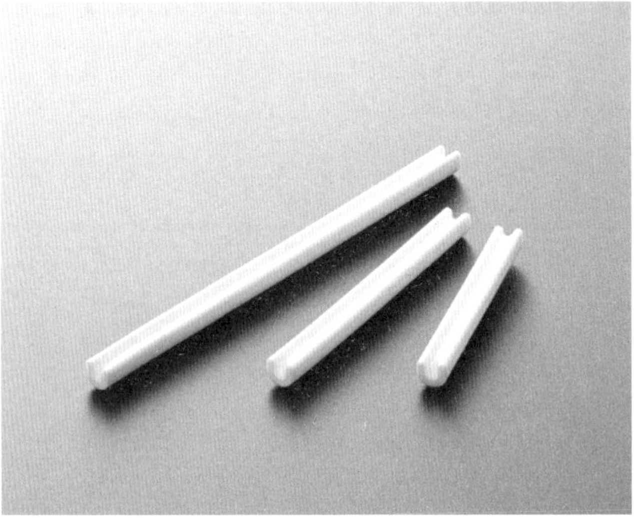

一九五六年，我任職於松風工業時，使 U 型 Kelcimas 首次在日本量產化。U 型 Kelcimas 是組成電視中電子槍布朗管的絕緣零件。

一九五九年，我創立了京都陶瓷。從松風工業獨立出來的八名幹部為中心，再加上二十名新員工，以上總計二十八人的情況下創業。（照片後排由左數來第六人為作者）

一九六〇年代

一九六三年，屬於我的第一座工廠——滋賀工廠竣工。一九六六年，總公司遷到了滋賀工廠。照片是滋賀工廠的首次出貨。

一九六六年，IBM 委託的 IC 面板。後來成為京瓷發展的原動力。（右邊）IC 面板後來獲 IBM 的戰略商品「系統三六〇」採用。

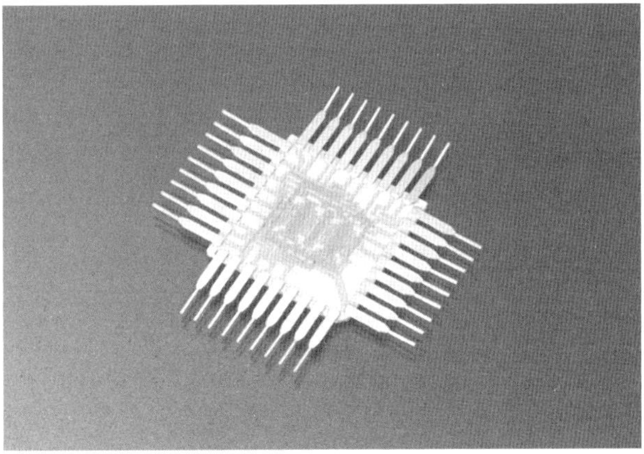

一九六九年，快捷半導體公司委託的 Multi Chip Package，對於京瓷來說是極為劃時代的產品。

一九七〇年代

一九七二年，由於開發了「大規模集體回路用陶瓷多層封裝」而獲得第十八屆的大河內紀念生產特獎。

一九七二年，京都市山科區的總公司大樓竣工。現在總公司已經遷到伏見區。

一九七六年，在紐約證券交易所發行 ADR。

一九八〇年代

一九八四年，我成立第二電電企劃有限公司，就任會長。（由左開始分別是千本倖生專務、森山信吾社長、牛尾治朗牛尾電機會長、飯田亮 SECOM 會長、作者、真藤恆電電公社總裁、盛田昭夫 SONY 會長）

一九八四年，我設立了財團法人稻盛財團，創立了國際獎「京都獎」。每年十一月都會在京都舉辦頒獎典禮。照片是第二十七屆（2011年）的頒獎典禮。（照片提供：稻盛財團）

一九九〇年代

一九九〇年，我收購了世界知名的電容器大廠 AVX 集團。
（照片左邊是當時 AVX 的代表巴特勒先生）

一九九八年，遷到了現在的總公司大樓。以「對人類和環境都不會造成傷害的機能型商業大樓」為出發點，南側的牆壁和屋頂裝設了京瓷製造的一千八百九十六塊太陽能板。

二〇〇〇年代

二〇〇〇年，第二電電、KDD、日本移動通訊合併，
整併為KDDI。（作者是右邊數來第二位）

二〇一〇年，就任日本航空會長，著手重建。（中間是作者）

近年的活動

二〇〇四年，為了家境艱困的孩子，我設立了「京都大和之家」這座兒童養護設施兼育幼院。作者有時也會前往育幼院。

以「人為什麼活著」為題，我舉辦了免費的「市民論壇」，講述了透過我的人生以及經營經驗所得出的思考方法和生存方式。由盛和塾生自費經辦，現在已經舉辦了四十屆，累計了六萬七千名的聽眾。（到二〇一二年七月為止）照片是二〇一二年，在福井市舉辦的市民論壇。（照片提供：Akira Obata）

國家圖書館出版品預行編目（CIP）資料

稻盛和夫　從零開始挑戰（新裝紀念版）：創業與經營之道／稻盛和夫著；呂美女譯. -- 第二版. -- 臺北市：天下雜誌股份有限公司，2024.11

280 面；14.8×21 公分. --（天下財經；537）

譯自：ゼロからの挑戦

ISBN 978-986-398-986-8（平裝）

1. CST：企業經營

494　　113003610

天下財經 537

稻盛和夫　從零開始挑戰（新裝紀念版）

創業與經營之道

ゼロからの挑戦

作　　者／稻盛和夫 Kazuo Inamori
譯　　者／呂美女
封面設計／Dinner Illustration
內文排版／顏麟驊
執行編輯／胡恆穎、賀鈺婷、張齊方、何靜芬
校　　對／游羽棠、劉品宜、陳柏誠、黃雅琳、莊淑淇、姜湘楹、王惠民

天下雜誌群創辦人／殷允芃
天下雜誌董事長／吳迎春
出版部總編輯／吳韻儀
專書總編輯／莊舒淇（Sheree Chuang）
出版者／天下雜誌股份有限公司
地　　址／台北市 104 南京東路二段 139 號 11 樓
讀者服務／（02）2662-0332　　傳真／（02）2662-6048
天下雜誌 GROUP 網址／ http://www.cw.com.tw
劃撥帳號／ 01895001 天下雜誌股份有限公司
法律顧問／台英國際商務法律事務所・羅明通律師
印刷製版／中原造像股份有限公司
總 經 銷／大和圖書有限公司　電話／（02）8990-2588
出版日期／ 2024 年 11 月 27 日第二版第一次印行
定　　價／ 420 元

ZERO KARA NO CHOSEN
Written by Kazuo INAMORI

First published in Japan in 2012 by PHP Int, Inc.
Traditional Chinese translation rights arranged with PHP Institute, Inc. through Bardon-Chinese Media Agency

書號：BCCF0537P
ISBN：978-986-398-986-8（平裝）

直營門市書香花園　地址／台北市建國北路二段 6 巷 11 號　電話／02-2506-1635
天下網路書店　shop.cwbook.com.tw　電話／02-2662-0332　傳真／02-2662-6048

天下雜誌
觀念領先